世图心理

博客：http://blog.sina.com.cn/bjwpcpsy
微博：http://weibo.com/wpcpsy

海灵格商业精英课

STORY OF SUCCESS
IN BUSINESS AND PROFESSIONS

成功的秘密

海灵格组织系统排列的隐秘力量

［德］伯特·海灵格（Bert Hellinger）／著
张睿芝／译

世界图书出版公司
北京·广州·上海·西安

图书在版编目（CIP）数据

成功的秘密：海灵格组织系统排列的隐秘力量 /（德）伯特·海灵格著；张睿芝译. —北京：世界图书出版有限公司北京分公司，2020.1（2024.8重印）

（海灵格商业精英课）

书名原文: Story of Success：In business and professions

ISBN 978-7-5192-6177-1

Ⅰ.①成… Ⅱ.①伯…②张… Ⅲ.①成功心理—通俗读物 Ⅳ.①B848.4-49

中国版本图书馆CIP数据核字（2019）第223898号

书　　名	成功的秘密：海灵格组织系统排列的隐秘力量 CHENGGONG DE MIMI
著　　者	［德］伯特·海灵格（Bert Hellinger）
责任编辑	李晓庆
装帧设计	蔡　彬
出版发行	世界图书出版有限公司北京分公司
地　　址	北京市东城区朝内大街137号
邮　　编	100010
电　　话	010-64038355（发行）　64037380（客服）　64033507（总编室）
网　　址	http://www.wpcbj.com.cn
邮　　箱	wpcbjst@vip.163.com
销　　售	新华书店
印　　刷	三河市国英印务有限公司
开　　本	787mm×1092mm　1/16
印　　张	13.75
字　　数	300千字
版　　次	2020年1月第1版
印　　次	2024年8月第4次印刷
国际书号	ISBN 978-7-5192-6177-1
定　　价	49.00元

版权所有　翻印必究

（如发现印装质量问题，请与本公司联系调换）

中文版序

很高兴我的多本新作在中国出版了。

家族系统排列的理论和方法已经被许多华人治疗师应用到专业助人领域。通过这些专业助人者的运用，系统排列帮助许多人跨越了生命中的障碍，走向了快乐、成功的生活。

像是重新发现中国古老的智慧一样，许多华人惊奇地见证了系统排列的洞见带来的惊人结果，而这些洞见所遵循的路径与古代老子的《道德经》所描述的"道"竟是一样的，因此华人对系统排列有一种特别的熟悉感，就好像回到自己的家一样。

感谢所有让这些书成功出版的贡献者与参与人员，包括在中国（包括台湾地区和香港地区）、马来西亚、新加坡，所有这些开疆辟土、带领系统排列发展、让许多人受益的先驱者，我真诚地尊敬和感谢你们的所有努力。

伯特·海灵格（Bert Hellinger）

目录
Contents

中文版序 / 001

 引导入门 / 001

什么是组织系统咨询？ / 003
科学与智慧 / 005
海灵格科学 / 012

 深入思考 / 015

专业与使命 / 017
工作 / 020
利益 / 022
劳动的成果 / 024
停止！ / 026
正确的测量 / 028

满足点 / 030

良善 / 032

深处 / 034

死亡 / 036

展望未来 / 038

决定 / 040

谨慎 / 041

贫穷 / 043

向前 / 045

一起 / 047

主题 三 成功的故事 / 049

成功的秘密 / 051

故事一：衰退和攀升 / 053

故事二：通过服务获得成功 / 063

故事三：成功的两个方面 / 067

故事四：没有母亲，就没有未来 / 075

故事五：成就来自母亲 / 078

故事六：到底是谁的事业？ / 082

静心冥想：幸福在哪里？ / 088

成功是生命的法则 / 090

故事七：检察官、法律与生命 /093

故事八：凝聚而非分离 /097

故事九：与母亲的联结 /104

主题 四 **向前走** /107

新取向家族排列：与道同行 /110

领导的序位 /114

我们的故乡 /117

静心冥想：地球，我们的家 /120

事业上的成功 /123

静心冥想：如是地面对母亲 /127

主题 五 **更多成功的故事** /131

个案一：做决定 /133

个案二：职业 /137

个案三：谁帮助谁？ /140

静心冥想：迈向成功的向度 /142

个案四：获得的代价 /146

个案五：夫妻共同经营 /150

我们最大的成功 /154

危机的内幕 / 157

祝福 / 162

个案六：接手 / 164

个案七：哪一种付出？ / 168

个案八：是的 / 172

个案九：排除在外 / 178

问题与解答 / 182

个案十：前任伙伴 / 185

无时无刻 / 188

 进展的模式 / 191

带着爱与道同行 / 193

个案十一：出去！ / 197

团队里的阶层序位 / 202

另一个成功处方 / 205

 另一则成功的故事 / 207

家族系统排列 / 209

主题 一

引导入门

当我们越来越明白爱的法则是如何运用的，它对于我们的生活及职场的影响也会越来越明显。这样一来，我们就能够洞察工作或生活中的失败或问题。而生活及职场成功与否，同时也取决于我们对爱的法则的了解及关注程度。

什么是组织系统咨询？

在这本书里，我将为你们展示和让你们体验的，是关于工作环境中的人际关系的系统排列工作。我会引导你们一起来看看人际关系的成功和事业及专业领域上的成功，以及两者内在的关联性。当然，还有其他因素在事业成功上扮演着重要角色，如实际的工作能力和一般处事的能力。不过，在这里我们仅仅将重点放在工作场域中每个人之间的关系上。处理特定事件的管理学问是相当具有科学性的。它是事业体中很重要的一环，在系统排列的理论中，我们也完全认可它的功能性。但是，在这里我们会从更宽广的角度检视人际互动，并用更全面的观点看待其成败所带来的深刻影响。

另外，本书所应用的方法和传统的管理学之间最大的不同在于,我不把个案与其他企业相比较。通常,人们出于好奇心过来找我,但他们的心里并没有特定的问题想要得到解答。他们参加了"事业组织的成功法则"工作坊的其中一堂课,他们从课堂中的排列工作中学习,借着家族系统排列的帮助,学员之间也彼此互相学习。等到课堂结束了,他们回到各行各业,独立地工作、生活。因此,我们是在一个共同的联系点上分散出去的——而我们每一个人都因此获得了各自的成功。

科学与智慧

　　科学的发展已达到一定的高度,但也相对地掩盖了事物原本的样貌。当人们划定什么属于科学的范畴,而哪些又不能被当作科学时,其实就已经把科学置于所有事物之上了,甚至到了不接受变通的程度。我不是要对科学领域的事指手画脚,因为我们都知道人们是多么看重它。但正因为人们对它有这样的态度,使得人们在谈论它时总是抱持批判的态度。这样一来,科学反而没有拓展我们的视野,倒是让我们的视野变得更为窄小。

　　眼界是很重要的,它决定了我们能自由活动的范围。我们是否预设了我们的视界?还是不管我们移动到多远的地方,都始终让它和我们保有一定的距离呢?我们所拥有的科学视野,还留有空间让我们向外拓展吗？还是我们已经把科学当成一个准则，并让它来告诉我们：这件事到目前为止就是这样了，再没有其他了？若是如此，那这种态度很难被称作具有科学精神，因为所有的科学都是持续地往新的领域前进的。而问题依旧存在：那么是哪种领域呢？科学是否往四面八方发展了呢？它是否依然步伐坚定地拓展了未知的领域，即使这个领域因为无法被定义和归类，所以未能被现有的假定所掌握？它触及爱的领域了吗？或者它是否触及了这样一个领域，这个领域中两个相悖的元素能够和谐共存，并且所有人类彼此的关系也能够被提升至另一个境界？它是否涵盖了形成与消逝、生与死，以及因为生命逝去而掩闭与开启的新世界？当我们面对这些领域时，我们是否能利用科学来作为衡量的标准呢？是否能用它来决定我们要去到哪里，以及是不是需要超越现有的领域，才能到达心灵最终的归依？

当然，我知道我去到了一个科学还无法解释的领域之中。然而，我们却可以去检视心底最深处的感觉：我们在何处稳稳地扎根？我们在哪里意识到最深的联结？我们在哪里受到最深远的指引？当我们如此检视，我们也就开拓了一个新的领域。它超乎我们的理解，因为这时我们无法掌控自己。它看似深不可测，然而根据我们的经验它又是这么容易接近。

在这里，任何事都带有不确定性，因为它超越了狭隘的视野与我们的创造力。它像一场暴风雨，我们无法抵挡、停止或击退它，只能面对它。而对于暴风雨后的平静，我们必须有另一种领悟。这种领悟出现在每一个科学洞察的前后，存在于内在经验的深处，当它们融合为一时，智慧俨然出现。

在这里，如序言般的领悟告一段落，随之而来的是持之以恒的开始。而这种领悟和科学是相对立的吗？还是它为科学开启了另一扇大门，更包罗万象且永远敞开？它是否填补了科学所无法补足的缺漏？这个认知是否使那些因科学而违反人性的事物重回慈悲？这就是智慧。

智慧与科学的差异是什么？智慧倾听内在，它浮现于内在不可测的深处，依旧如谜似幻。

这个深度在我们眼前显现，但当我们试图抓紧时它又逃掉了。如果我们把它当成自己的所有物而想拥有它，就如同我们在科学上想获得一个发现一般，这个时候它就会从我们手中溜走。

智慧是劲直的，没有人可以曲解它，它不受任何人摆弄，我们无法学习也无法教授它。然而，其实每个人都是有智慧的，没有它我们便无法生存。就连动物也是有智慧的。动物能生存，是因为它们是有灵魂的，并受内在动力的指引。

我们留意到这个智慧了吗？我们顺从这个智慧了吗？或者我们有时候想要耍个小手段，好像我们可以把它带坏一样地把它抛在脑后，而安然无恙地继续过活？还是我们有时候会用全然科学的、可用科学证实的观念去生活？智慧是与生命遥相呼应的。它为生命服务，从而我们也为生命服务。结果是什么呢？成功。

成功的智慧

在很多方面我们都可以做计划。我们可以用科学的方式计划成功，再以验证过的方法达成，因为每前进一步都会伴随新的科学洞察。如此一来，清晰的思考与逻辑，以及确切应用所获得的科学性洞察就显得十分重要了。因为这些都是使生活各层面成功的基本要求。生活的成功进而会为你的工作以及你任职的公司带来成功，这是毋庸置疑的。科学的方法同时也能在理性的层面上被运用并让人获得成功。更确切地说，在智慧中所应用到的法则就是爱的法则，那些为生命、我们及他人的生活服务的爱的法则。

不管我们知情与否，在各种人际关系与生活情境中，爱的法则若是被破坏了，也会影响到我们的职场生活。这样的破坏常常会摧毁成功，有时候甚至在开始时就带来伤害。

本书主要在讨论成功的智慧，以及有关那些我们与生俱来、自己却未觉察到的依据与内在需求。同时，我们也讨论带来成功并守护成功的爱的法则。

智慧是如何来到我们身边的呢？它会用什么方式呈现？我们要怎么做才能直接地体会到它？当我们到达知识或其他事物的极限时，智慧就会到来。在这个极限到达时，智慧会自己浮现出来，呈现在它所影响的结果之中，不管这个结果是成功还是失败。

家族系统排列

通过家族系统排列，智慧及其法则用一种不可预期且神秘的方式展现在我们眼前。而当我们依循着它的指引时，全新的洞察也会随之出现。这个智慧的领域远远超过科学所主宰的范围，现今的科学还无法对我们在排列中看见的动力加以解释。比如我在排列中会随机找来代表当事人的家族成员的人们，并依照成员间的关系将他们置于场中，但接下来被随机找来的代表在对家族成员的情况一无所知的情况下，却能开始感觉到自己所代表的对象。我们看到，他们进入另一个意识层次，和所代表的对象相互产生联结。这种在科学领域中还无法被运用的方式，在家族排列工作中却是显而易见的。

这只是一个开始，接下来又会发生什么事呢？当我们让代表们随着内心感受到的动力移动时，其所代表的家族中曾有过的创伤便会呈现在眼前。我们可以看到这些创伤如何影响家族成员本身，以及他们在生活上与工作上的成功。

而令人惊讶的是，在短短几分钟内所有事情便能被呈现出来，不需要任何言语和行动。当事人敞开心胸去接受这个动力时，家族里以爱而生的序位便能得到修补，进而带领他们走向成功。在排列中，动力让他们知道他们需要做的决定，或者指引疑惑的人该往哪个方向移动才能达到生活里各个层面的成功。

至于在场中指导的排列师，他们必须自己先在这个智慧的领域里感到自在，并愿意顺从智慧的指引而移动。甚至仅仅只是站在排列场中，他们便是受到托付要为智慧服务的人。智慧带领他们到这个工作中来为其他人服务，并将智慧的成功带进其他人的生命中。

而关于前来参与排列的人应如何进入动力并自在地随着它移动，我在《成功与人生》和《成功与序位》里已有详尽说明。

当我们在工作上缺乏成功，并受到失败的威胁时，我们通过排列工作会立即发现家族里或者与有关人士的关系中悬而未解的事情，以及这些事情对工作造成的影响。若是我们在整体的生活中能够让一切井然有序，那我们的职场生涯也会跟着到位。

在本书里，我将带领你们进入一个有关工作与职业的智慧旅程。我们会看到在许多不同国家举行的工作坊里的案例。每一个案例都是独一无二的，所有的个案集合起来形成了一个清晰的图像，好像一块块有各自色彩的拼图一般，拼出完整的全景。

简短而有力量

受到阻碍的关键与决定性的解决步骤，在系统排列中都能相当快地被呈现在我们眼前。而有关事业成功的排列，通常只需要二十到三十分钟。

值得一提的是，关于工作的排列结果会影响当事人以及不在场的相关人士，他们可能也会在排列中被代表们排列出来，即使他们不知道这场排列的发生。我在这里举个例子。在中国香港举行的一场有关成功法则的课程里，有位来自马来西亚的排列师。他对于我的工作方式十分熟悉，并向我反馈了一个案例的后续进展。

"去年有位先生来找我，他手边有许多尚未结清的款项，账目上有钱，但是他手上却没有一分钱。当他告诉在场学员们这个情况时，他面带着微笑，因此我认为他的状况或许与原生家庭中尚未被解决的问题有关。他的家庭背景是，他的父亲被另一个家庭领养，一直到许多年以后才被准许回到原生家庭中。父亲无从归属的感觉则反映在这位个案身上。"

就在排列师为他的家庭与工作排列之后，这位先生所有的客户都结清了款项。此外，他在金融海啸期间拿到一张大订单，他的客户甚至还预缴了百分之四十的定金。在他的工作生涯里从未发生过这种事。

海灵格科学

将家族系统排列运用在工作与职业领域中，我发现只有在现有的排列形式中才会产生这样的联结。不过这也意味着，一旦我得到新的洞见，它也可以延伸至不同领域之中。因此，我将我所有的洞见整理在"海灵格科学"这个体系之下，目前所有的家族系统排列工作都在这个体系中执行。

这些新的洞见来自家族系统排列的经验与对其的观察。即便家族系统排列主要的应用和发展多是在心理治疗的领域里，渐渐地我们也了解到这种爱的法则也适用于生活中的各个层面。因此，我们可以认为它是一种全面性的科学。

当我们越来越明白爱的法则的用法时，它对于我们的生活以及工作的影响也会越来越明显。我们已经发现在工作中的失败或问题也意味着爱的序位被无视。而生活及事业成功与否，同时也取决于我们对爱的法则的了解以及关注程度。

主题 二

深入思考

　　过去的成功使我们在更伟大且更具创造性的事物面前相形见绌。面对这股力量,不管我们过去有多么成功,都会显得微不足道。因为这股力量,我们得以从容地从一个完满走向另一个完满,虽渺小却也充满力量,永远为生命的下一个成功做好准备。

专业与使命

专业代表着对某件事情的承诺，使命意味着被召唤着去做某件事情，而职业是你在从事并被它占据心思的事务。上述种种说明了我们奉献于某件事情，我们被要求拥有特定的条件，才使我们能胜任这个岗位。因此，我们从事的事务通常出于我们的个人选择。我们多少经历过，被某种事物用一种很特别的方式召唤过。有些人被某种更高的力量召唤，去为某件特别的事情效劳。有时这种力量和他们本身的意志是相违背的，因为他们害怕自己没有办法达成这股驱力所要求的期望。他们专心一意地服膺于这股召唤，如同《圣经·旧约》里的智者们一般，而最终他们知道过去的挣扎是徒劳，他们必须服从。

当我们更仔细地观察这种召唤，我们会发现它在每种职业中都会发生。甚至通常只是我们在某件事情上有特殊的天分，其他人便期望我们跟随那种来到我们身边的召唤，不管它是否对我们有所求。

　　对许多人来说，最重要的职业是当一名企业家。这个角色是许多专业与职业阶层的顶点。企业家引导不同的专业人士朝向相同的目标，取得共同的成功。许多人受惠于企业家的成功，当然也有许多人，包括他们的家人，因为其失败而受苦。

　　而或许最难以成功并对我们要求最多的事业就属家庭了，特别是对于母亲来说。我们如何看待家庭这个企业，以及它的领导者——我们的母亲？我们是否允许自己和她在各方面都取得成功？我们是否以各种方式破坏了家庭这个企业的全面成功？

　　对于我们的职业生活和事业，有一种有着深远影响的论述：我们因为从母亲这份事业中退让出来，而使这份事业处于风险之中，进而我们自己的事业与所从事的专业，也会因此无法成功。

　　不管我们有什么成就，我们的母亲都会分享这份成就；反之，当我们失败了，母亲们也会分担失败的后果。当我们拒绝感激母亲的付出，而将母亲排除时，其余的事物也会因此被排除，接着我们的成功也会被排除。

　　我们要如何找出迈向工作及事业成功的道路呢？我们要如何成功经营不同的关系？我们如何获得长久的成功？只有当我们和母亲

和谐相处时，才有办法找到这些问题的答案。

　　事业上的成功有着我们与母亲相处的影子。当我们对母亲有爱和尊重时，也将为其他事物带来成功。当我们把母亲排除在外，其他的成功也会因为她的缺席而从我们身边消失。所以，我们事业的成功从何处开始呢？从我们的母亲开始。

工作

　　每个人都在尽力维持并延续着生命。我们的生活通过成就以及实践而感到充实，生活因为工作得以继续。

　　首先，专注于工作是必要的。如果我们能因为生活的乐趣促使自己去完成工作的话，那将会是更美好、充实的。生活的乐趣，在某种程度上，在于能够利用我们的能力去工作。通过我们的工作，这变成了成功的喜悦，成就某事的喜悦。积极、成功的生活也会为我们带来喜悦。

　　悲惨的生活会使得我们的工作也跟着悲惨起来。我们心不甘、情不愿地工作着，服务别人的生活更甚于经营自己的生活，因此成为工作的奴隶。有时候我们在一种受压迫的状态下工作，不过我们没有被它扳倒，却用我们自己的努力和成就超越了它。了解到"我们可以克服艰难的时刻"这个事实，反而成为心里的一种自我满足，尽管我们不会将它显露出来，甚至不明白它为何物。

同时，我们也可通过工作来得到一个充实的生活。也许一开始是很辛苦的，但当我们想象它圆满的结果时，我们却能因此生出翱翔的翅膀。

工作中有许多具有创意的事情发生，所有的事物都在工作中成长。如果工作中的每件事情都能使我们及他人感到愉快，我们也就成功了。

其他的事物——譬如"时间"，也会在工作中帮助我们。当我们依循时间而不是试图阻止它时，它就能为我们工作。时光的流动是一种象征，如同创造力能使我们的工作完满并且能支持并促进人们的生活。事实就是，完满的奉献带来成功。

可以说，我们的工作是爱的加冕：做我们所爱的，并且爱我们所做的。回报的爱会与这份爱相遇，并带着成功反馈给我们。

利益

成功的工作会带来利益。我们为利益感到开心,因为这是我们辛苦工作换来的收入。如果要让我们感到开心,那么这份利益必须来自我们所付出的努力。

这份收入使我们的生活充实,也让我们的生活充满了各种选择。它为我们带来生活上的富足,也使我们在工作中所服务的人获利。因此,利益首先是生活中的收益。而我们期望从工作中得到等值的回报,当应有的所得减少了,我们的生产力便会因为热情动摇而下降,对生活的创造力及热情也会因此削弱。

我们总是尝试着培养可以带来利益的工作能力,并尽可能地将其延伸。利益是成功的一部分,而且是很重要的一部分,我们避免会使我们失败的种种因素，放弃那些无法使我们的生活受益的东西，并追求有利的工作与事务。

最大的收获是为我们未来的生活服务。有什么会是比我们自己的孩子还要更好的收获呢？哪一项工作会比养育他们更有意义呢？

总的来说，每一份收获都在为我们的生命服务。生活是它的衡量尺度；而只有这种收获能延续下去。

劳动的成果

　　回馈是成功之后的果实，她随着时间到来——更确切地说，是随着她自己的时间到来。除了我们的熟练和努力，回馈还需要合适的环境。所以，为了得到想要的回馈，我们需要创造出适当的环境，来承接工作上得到的回馈，并使它成长。而我们的回馈有很大一部分取决于环境丰饶与否。

　　按照常理来说，成果是靠着其他事物的支持自然成长的。许多事物必须同时和谐地运作，才有办法生长，接着给我们回馈，如同丰收的礼物。成果带来许多利益，其衡量的标准在于它为我们与他人带来什么。成果本身有它的内在价值，而这便是生命的价值。

　　利益同样也是一种回馈。我们的成果时常是靠我们得到的利益来衡量的。不过即使如此，成果、回馈及利益之间还是有高低之分：首先是成果，接着是回馈，最后才是利益。由此看来，在成功里我们会最先看到什么呢？我们是否看到了回馈和成果，之后才通过它们看到利益呢？或者我们最先看到的是利益？我们会因为利益的缘故而使成果遭受风险吗？当利益先到来，在没有成果支持时，它又能持续多久呢？当我们聚焦在利益上时，试着看看自己内心的差异，看看我们的内心在两个状态中有什么不同。同时，当员工的工作少于或多过我们的预期结果时，我们也可以感觉到他们内在的差异。

　　工作的乐趣首先来自成果，接着利益才会随之而来，这对我们或者对员工来说皆是如此。而当我们只看到利益时，我们是否还会看重其余事物呢？延伸到员工们，他们又是如何看待产品或者工作的成果的呢？从这里，我们看到了一个成功背后的准则：成功随着成果而来。成功与成果都是受欢迎且受敬重的。

　　当利益成为我们关注的焦点时，谚语"来得快，去得快"就是最终的结果。对我们来说，只有劳动的成果会带来实质的利益，而这种利益才是能够持续的。

停止！

　　我们的行动迟早会变得停滞不前，然后在这里终结。它甚至会倾倒，并向相反的方向发展，而埋没过往的成就。譬如当成功走得太远了，它在某个时候就会反击回来，变成和自己相反的东西。这对我们生活中的成功意味着什么呢？我们展望未来，这样我们就能看到什么时候会结束，什么时候会出现转折点。然后我们就能趁着火车还在行进的时候跳下车，抓紧时间做别的事情，重新开始。这个新事物也只将维持一段时间。当我们再一次察觉到它到达甚至超出极限的时候，它的重要性与带来的成功便会减少。有时我们甚至在它结束之前就放弃了，然后我们又一次开始其他新的事物。

　　然而有一件东西是不会停滞不前的，那就是——精神。所有创造性的事物都将持续，不会有停止的一天。这对我们的工作及事业有什么意义呢？它们时常更新并持续成长。永远没有旧的成功，而只有新的，也只有新的成功能让我们的生活自由伸展。我们想确保和延续的东西已经走到了尽头。更重要的是，它控制着我们。所以，若是它停滞不前，我们也会因此停滞不前。现在我们知道了这些，那我们应该采取什么行动来接近成功呢？

即便是我们得到了空前的成功，我们也要将它放下，这样未来的成功才能到来。怎么说呢？即使它在持续地发生，我们也因为充满着期待而能超越它。生活也是一样的，在到达顶点的时候，我们选择创造将会超越我们的新生。而这个接续的新生，在到达顶点的时候，也将开启下一个成功的阶段，在这个阶段，它将继续生存和繁衍下去。

正确的测量

譬如土地,是因为经过测量,疆界才能被清楚地呈现出来。当我们正确衡量我们的生活,我们也会知道自己的边界在哪里。然而人如果不守规范,恣意逾越边界,就会为自己和别人带来风险。

所以,我们通过竞争看到了成功的局限性。竞争迫使所有人发挥最好的一面,那些佼佼者会为他们的竞争对手提高标准,好让竞争者无法恣意妄为。他们通过成功来延展并确保他们的利益。当人们高估了自己的成功时,他们会表现得傲慢,并在没有真正行动前就认定自己已然成功。

当人们期望的利益或报酬超出他们的成就时,便会表现得狂妄。不久,这些成就就使他们无所适从了。也就是说,成功是以我们的奉献所得到的回馈及我们的努力来衡量的。我们得到的回馈从成果中形成，于是我们的成就得到认可与奖赏，而我们的奉献是持续地被检视的。

　　成功随着完满的奉献而来，作为适当的报偿，两者是等值的。而成功就维持在由奉献所构成的边界之中。

满足点

有人说：好东西永远嫌不够。对于成功来说，也是如此。许多成功，特别是那些相似甚至相同的成功，在我们身处其中一段时间后都会显得枯燥乏味，而当它逐渐消退时我们反而松了口气。当一个旧的成功终止时，它同时也把空间留给了其他不同种类的成功。有些人因为坚守旧的成功而错失了新的、本质的成功。然而一旦我们将旧的成功完结，新的成功就更有可能翩然而至。

我们对成功有个衡量的标准。当标准已经达到了，对我们来说便足够了，对其他人来说也会是如此。当生活中有其他更重要的事情等待着我们时，旧的成功与之一经比较，便黯然失色了。当某件事情已经足够了，就可以将它放下，好让新的事物有足够的发展空间。反之，便会成为如德国诗人里尔克说的：凝视的人。过去的成功使我们在更伟大、更具创造性的事物面前相形见绌。

　　在这股力量之前，不管我们有过什么样的成功，都会显得渺小。因为这股力量，我们得以从容地大步从一个完满走向另一个完满，渺小却充满力量，永远为了更多生命中的成功做好准备。要如何办到呢？用我们所拥有的就行了。

良善

　　良善意味着：我对别人好。我以他们原来的样貌善待他们。这样的良善要如何表达？我让别人做他们自己。他们在我面前可以表现出他们最真实的自己，不用害怕我会去评判他们。我们都喜欢做这种慷慨的人。

　　善良的人同样也会对自己善良。他们善待自己最真实的样貌，他们从心底对自己好。善良的人会停留在原地吗？还是会为了自己和他人变得更加善良？由于良善是好的，所以它让许多人、事、物变得丰沛。通常良善的存在本身就已足够，像太阳仅仅借由阳光就让万物生长。

　　然而，良善会在比较之下消失殆尽。一经比较，它便有高低之分，被认为是较好的或者是不好的。而原先认为自己受到祝福的人们，也会开始顾虑自己在其他时候是否也变得只是稍好，甚至是不好的。良善因而不再为他们带来益处。

真正的良善是对所有的事物都有益的。就像耶稣说到天父：他让阳光照射至善与恶，他让雨露撒落至公正与不公正。

良善的人会同意与恶人和谐相处吗？即使他威胁到别人的性命，甚至是以可怕的方式杀害他们？

良善的人是善待所有人的，因为他们也善待自己，甚至也因为他们察觉到了自己内在深藏的残酷与邪恶。而那些认为别人比他们实际的情况要恶劣的人又会发生什么事呢？当良善的人面对别人的邪恶与残忍，进而使自己的邪恶与残忍也跟着浮现时，他们会发生什么事呢？

良善如同柔软而徐缓的水流，稳定涌现，再坚硬的岩石也会在一段时间后被磨得圆润。最终，恶人与我们心中的那股邪恶对良善是无法抗拒的。这样的良善是神的良善。最后，它会让圆润的岩石顺着同样的水流，经过同样的涌泉，流向无可限量的良善的海洋里。

深处

每一份祝福都来自深处,地球上的万物也都来自深处,靠其喂养进而茁壮成长,接着又沉入其中,沉回一个更广大、更长久的生命中。

这个深处是所有死者的栖留之地,从这个深处,死者又被带回光明之中。他们是如何回来的呢?他们在一段时间里持续活着,直到再次沉入完满的深处里。

一开始,我们看到深处的高度与距离。甚至当我们说到宇宙这无尽距离的缩影时,我们说的也是它的深度。它的深度是深不可测的。

深度的思考是神秘的,我们用以表达这些思考的动人的文字也是神秘的。当我们听到或注意到这些话语时，就像理解它们源头的深度那样，我们只能够理解它们的一部分，譬如"妈妈"这个词。

死亡也是深沉的吗？它有深度的力量吗？它是否只留存在与其有关的所有事物的表面，而没有深度可言？它是否更像一扇门、一个入口以及与其后事物的连接点？

智慧是深沉的，它来自见不到底的深处，同时也将我们带往深处。如此一来，爱也是深沉的。

它来自灵魂的深处。而爱也是从不见底的深处而来的。因为我们探不见底，所以它带着饱满与空洞。它牵引我们去到一个从未被填满的空洞之中，因而它的吸引力总是持续不减。这个深处持续往更深的地方移动，毫无止尽。在深处中，肤浅的和转瞬即逝的事物是不会出现的，例如担忧、罪恶感、得与失，以及所有的尽头。

它们会再次浮现，并回到光亮之中吗？新奇与意料之外的事物会从深处浮现。然而新事物真的是新的吗？抑或它只是从深处挖掘过去的一切，把它们带到表面，藏在新的事物之中？任何事物都是从头开始的吗？开始与结束难道不是同时的，每一次都不同，而且每一次都更多吗？

我们要如何充实我们的生命？我们只有从深处才能做到。我们在深处中立足，受其包围和牵引，每个方向都没有尽头，如同深处本身。我们重新整理并组织我们的生活，瞬时填满和掏空，但我们完整地待在那里，永恒地待在那里。

死亡

　　企业是一生的事业，是奉献生命而得到的成果。在企业内部，行动逐渐自行演变成一个实体，接着这个实体自发地延续，好像有生命一般，独立于创造它的人们。这样看来，企业如同他们的孩子，当企业的创造者离开了生命的舞台，它们仍然能站稳脚跟并持续发展。

　　就像年迈的父母渐渐地从孩子的生命里退出，企业家们也会慢慢地从生意上的日常事务中抽身，而他们一生的事业便在没有他们参与的情况下持续下去。他们把自己创造出的成果交至其他人的手里，而这些人继续在自己的岗位上尽忠职守。

　　或许这份生意还会保有创立者的名字，但很快，这份生意会逐渐与从中获利的人们产生紧密的联系。创造者的姓名和回忆会褪至背景中，最后进入坟墓。

　　这些来自各行各业的企业家，要如何面对自己一手打造的成功的每件事的完结？让我们在完结到来之前就面对它。我们内在已经跨越了界限，如同走进另一个空间，甚至是另一段生命。因为有了其他更重要的事情，所以在此的完结便被抹去了。接着，我们回到了日常生活中。我们退回沉静中，让自己散发不同的光芒，照耀我们的事业以及奉献其中的人们。我们把时间留给他们，自己顺应着其他的时间，心满意足且从容不迫地进入下一段冒险，身心开阔并且如同一张白纸。

展望未来

　　展望永远是向前的，因为展望拥有未来。它通向更伟大、更广阔的未来。想要成功的人总是看向未来。他们走向另一个成功，一个新的成功。而我们的行动如同我们所展望的，我们的心情与能量也与其相同。这些展望从哪里来？它会从外界将我们控制住吗？还是它可以使我们掌握我们想要和期望的事物？

　　展望同时也是一种警惕。它会瞬间留意许多事物，并且与眼前所及的事物一起移动。那么，我们的成功从何处开始？它始于我们的内心，始于我们的精神，并带着雀跃般的自信。而这种展望又是从何处得来它的能量的？它来自我们为别人付出的满足。展望不曾朝向我们所欠缺的事物，它一定从我们所拥有的东西开始它的流动。它不是索取，而是给予。它服务于某些东西，通过这一点，它服务于许多人的进步。我们的成功在何处？它与展望一起，已经在我们的路途中。

决定

我们决定性的举动开始于一个决定，而这个决定源自我们的行动。每个决定都有它的风险，有时它是一场冒险，有着难以预料的结果。通常它是一个勇敢的决定。

正确的决定会在对的时机到来。如果我们太早做决定，可能就不会有坚持下去的力量，而若是决定得迟了，成功就被延迟了。一个过早的决定时常是轻率且考虑不周的，过迟的决定则是不合时宜的。它被其他事物领着走，而非扮演带领者的角色。

我们的决定使我们有了一个开始，但这仅仅是开始而已。下一个决定是在先前决定的基础上做出的，而且会更进一步，使我们走向更远的地方。

谨慎

当危险即将到来时,我们就需要谨慎。危险通常来自外在,但有时也会来自内在。我们战战兢兢地面对外在的危险,小心评估并且考虑我们要用什么方式才能避开它,或者在必要的时候正面应对它。要成功面对迫在眉睫的危险,除了需要警觉,还要有决心与勇气。拥有这些态度,和我们一同面对危险的人们才会跟着谨慎起来。

谨慎却欠缺勇气——会是一种退却而不是勇往直前——我们会由于胆怯而错过极大的成功。同时具有切实的谨慎与勇气,使我们能够正视危险或者具威胁性的事物。

还有另一种谨慎。在德语中有一句话:"细心是瓷器之母。"这句话的意思是,我们要小心地处理我们的资源与工具,以及我们的成功所依赖的那些人。

贫穷

贫穷看起来像是成功的相反词。人如果不成功就会落入贫穷的境地。但是就算是贫穷,人们还是得在许多方面成功,成功到足以生存。不管这个贫穷是因战争、不幸,还是天灾引起,在悲惨的贫穷中活下来的能力,相对于身处其中的人来说都是一项巨大的成就。

这里,我想要谈论另一种贫穷。比如,在贫民窟里的人有时会形成一个紧密的社群,这使他们很难摆脱贫穷,因为对他们来说脱离贫穷就像离家一般。一种深植于心的忠诚与归属感,使他们与同伴在贫穷时紧紧相依。

他们如何能够成功地脱离贫困呢?他们需要变得谦逊朴实,如此他们依旧与他们的根源互相联结，却也慢慢开始转移方向了。

这种贫穷是一种心灵上的贫穷，它起源于内心，滞留在那里，也在那里改变。脱离贫穷是一种精神上的成就，是秘密一般的成功。一开始隐约不可见，随着决心渐渐升起，最后心灵层次便有了转换。而从头到尾，它都是这样悄悄地发生，甚至不引人注意。

这是穷人能够学习的方法，要如何打破与贫穷的联结，进而自由地凭一己之力站稳脚跟，这种自由是极好的成功，因为他们已经进入到一个新的层次，他们向前看，只向前看，谦逊地向前。如此一来，他们的成功便能滋长并伴随他们左右，为其他同样有穷困背景的人带来启发。

向前

　　许多成功就在我们面前,我们要做的就是跟随它们。像是诞生后接着受孕,受孕后接着生产,成功就诞生了,这会带来另一个阶段的成功。第一次成功是必不可少的,它会使接下来的成功接续而来。成功的企业家是走在他的员工们前面的,同时也走在时代之前。出于必要,他们看得见接下来的趋势。正是这种远见,带领着我们并将成功实现。我们渐渐地也开始凭着远见行动。

　　当我们义无反顾地把过去的事情留在过去时,我们就可以很轻易地往前看了。过去会使我们分心,让我们无法专注向前;如此一来我们就不是往前走,而是倒退了。

　　那为什么有时候我们会倾向于往回看而非向前看呢?因为我们

希望为过去的失败保有回旋的余地，或者还希望可以补偿过去的失败。但往往就是这样回头看，把我们自己给麻痹了。

　　让过去完全过去，承认再也没有办法反转，是一种内在的成就。这是放弃的结果，是全然放弃的结果。先要放弃，未来的成功才会到来。能够成功地放弃也是一种成功，它会带来接下来的成功，因为路途变得清楚了。它们只需要到来就好，并且还会有更多的成功到来。所以，我们要把眼光放在哪里呢？最好的做法，当然是信心满满地向前看。

一起

　　企业有一种原型，在任何时候皆处在完美的和谐之中，顺势而为并与其他人和谐相处，并且准确而有效率地朝着成功的最高境界前进，这是企业的主体。在这里，谁是企业家？又是谁或者什么东西主导这些行动？而行动的动力来源又是什么？一方面能独立执行，另一方面在危机时又能彼此合作的次级企业家又是谁？是谁主导这些行动？他们臣服于谁？

　　我们自身是否也是一个下游的承包商？我们是否一方面独立运作，另一方面也沉浸在全球企业的服务中？我们会被交换或置换，还是会在企业的处置中保持沉默？这个企业家是否值得信任？我们是不是有时候松懈了而没有做到尽善尽美？我们是不是无故延长休息时间，而无法及时服务接下来的客人？

　　当我们成为企业家之后，我们要如何学习与世界企业合作来推进自己的事业？我们要如何与其他次级的承包商一起合作，亦步亦趋地跟随它？谁是这个企业家？我们是否曾瞥见过？它的名字是——生活。

　　对所有的生命来说都是如此。身为它的下游承包商，我们对顶头的大老板说：是的。它的每一份祝福都是给予我们的命令。

　　它常常对我们显现吗？我们是否看进它的眼睛，甚至是它的内心？我们曾经在体内感受过它吗？如果有，那会是什么感觉？

　　我们把它当成爱来体会，一份给我们自己也给别人的爱。我们把它当成一份给予所有一切的爱来体会。怎么做呢？当我们与任何人、事、物一起时，便能感受到。

主题 三

成功的故事

2008年，巴西库里提巴课程实例摘录。

成功的秘密

我很高兴来到库里提巴,也衷心感谢泰瑞莎以及将这次课程准备得这么好的助手们。首先,我想说点有关成功的事情。泰瑞莎的妈妈今天也在场,我们可以看到成功是什么,孩子就是最大的成功,成功就是为生命服务。当然其中包含了很多事业,若是没有这些事业,很多人都是要挨饿的。这些事业中的工作让许多人能够生存下来,并养活他们的家庭。

很多人把事业和生活当成独立的两部分。但是,我们可以看到许多人把事业当成生活的根本。因此,我很高兴接受邀请来到这里,向你们展示许多有关人际关系的法则,这些法则同样也适用于经营事业。接下来,我们要做的事情以及想达成的目标,就是为生命服务。

在课程里我会示范生命的法则,而每位参与者都能或多或少从中有所收获。当我在为个案工作,处理有关他们工作上的问题时,我也看到了你们全部个体。我会解释我在这里所做的工作,这样也可以让你们从中学习到一些事情,以面对你们自己的状况。

欢迎大家和我一起开始伟大的冒险,一次有关成功的冒险。

故事一：衰退和攀升

海灵格：我想要从一位有自营企业的参与者开始，他的期望是在我的帮助下发现能够帮助他事业的事物。有哪位自营者或是在领导阶层的参与者愿意与我一起工作？

海灵格选了一位男士，并请他到台上来。

海灵格（对男士）：欢迎！你的议题是什么？

男士：我从事的是与玻璃相关的行业，制造各种不同用途的玻璃。我是这个传统企业的第三代，在适应全球化的过程中有些困难。

海灵格：那具体的困难是什么呢？

男士：有关财务上的困难、同行竞争以及调整市场价格上的困难。

海灵格：我只有一个粗略的想法，让我们来看看。

海灵格（对群众）：我不知道生意上的细节，那是企业家的领域，我承认他在这个产业里的专业性。不过，我知道的是有关人际关系的事情，通过家族系统排列我会和他一起找出，在他的生意上有哪些种类的关系，以及这些关系能为他的生意提供些什么帮助。

海灵格选了一位观众来代表这位男士，一位女士来代表"事业"，并让他们相隔四米左右的距离面对面站着。

海灵格（对群众）：我来解释一下工作的程序。我依赖代表们自发的移动，我不提供任何信息，也没有任何意图。因此，我不干预移动，除非它显示出有我必须介入的地方。

代表们开始被内在的力量带领做出移动，动作缓慢。其余参与者在一旁观察整个移动的发展。

海灵格（对群众）：很快我们将获得一个重要的信息。这位企业家胜任这个企业的职位吗？他在看着"事业"吗？"事业"开始颤抖并且转身背向企业家。所以，需要增加一些东西才能让它成功。

海灵格（对男士）：有些事情需要被你看见，有些东西挡在你和"事业"之间。

海灵格（对群众）：才过了一会儿我们就掌握了重要的信息。

海灵格选了一位女性作为代表，并对她说：请站到他们两个之间，我暂时先不会跟你说你代表的是谁，但不管怎样你会知道的。

这位代表站在男性代表的前面，大概三米远。接着她开始从他面前退开，"事业"跑去站在她后面。女性代表倚着"事业"，接着往后倒在地上，"事业"也跟着倒在地上。男性代表也开始往后退，他转到一边，然后看着地面。

海灵格（对群众）：这位女性代表他的母亲。她的举动和之前"事业"的举动一模一样。她往后退，说明男士和她没有联结。

海灵格选了第三位女性当代表，并让她躺在企业家代表的前面，背朝下。她代表一个死去的人。

海灵格（对男士）：事业每况愈下。从代表的动作看来，除非我们找到解决的办法，不然会越来越糟。我会帮你找到它。

男士的代表慢慢从死者代表旁边走过并看向地面，好像经过许多死者一样。他手掌向下并把手向前伸长。母亲的代表在摇晃自己的手。

海灵格（对男士）：家族里发生了重大的事情，有许多人丧生。还有其他人因为这个事业失去生命吗？

男士：有的。

海灵格：是怎么样的情况呢？

男士：起初我的祖父失明了，所以他没有办法再经营生意。接着他又无法行走了，这样的情况持续了好几年。

海灵格：不对，有不少人因为这个生意失去了生命。你的代表看着许多死者。

男士：曾经发生过意外，造成了人员死伤。

海灵格：有多少人？

男士：两位。

海灵格：应该还有更多。

男士：不，没有了。

海灵格：等等。我不需要提供任何补充，排列里呈现的情景会给我们提供重要的信息。

男士的代表持续走动，好像经过了许多死者。他也想要走过"母亲"。当他靠近"事业"时，"事业"躲着他，并坐到"母亲"的另一边去。男士的代表往后退几步。接着再往前走时，又经过了女性死者一次。但不久又折回来，从另一边经过女性死者。他的手就像之前一样绷直。他在剧烈地摇晃。

接着，他又慢慢地靠近"母亲"。"母亲"坐了起来，并且躲着他。"事业"也同样往后退。

海灵格（对男士）：你的代表在摇晃，你的母亲也被吓坏了。在这里真的发生了一些事情。

同一时间，男士的代表又再次靠近"母亲"与"事业"。"事业"这次退得更远了。当男士靠近"母亲"时，"母亲"害怕地往后退。男士还是在摇晃，接着他用双手盖住耳朵。"母亲"也趴在了地上。

海灵格：很显然，"母亲"被一位死去的人所牵引。

男士：她患有重度忧郁症。

海灵格：她被一位死去的人牵引，她想要走向这个人。

"母亲"爬向女性死者代表，两人亲密地抱在一起。男士的代表还是在远处徘徊。他一手捂住耳朵，一手指着地上。接着，他慢慢地向"母亲"与"死者"靠近。

海灵格：还有更多人。公司里有被遣散的员工吗？

男士：公司里曾经有六百位员工，现在只剩下二十九位。

海灵格：其他人怎么了？

男士：我兄弟1990年过世以后，公司开始遣散员工。

海灵格：你兄弟的死因是什么？

男士：车祸。

海灵格：他当时多少岁？

男士：十七岁。我兄弟过世的时候，我姐姐生了一场重病。现在我们的竞争者想要买下一部分公司股权。

海灵格：你的兄弟比你年长还是年轻呢？

男士：他小我八岁。

海灵格：你是其中最年长的吗？

男士：是，我是长子也是长孙。

海灵格：在家族里有许多人都有趋向死亡的动力。

同一时间，男士的代表躺到了地上，他握住"母亲"的手，想将她拉离"死者"。

男士：这几年父亲得了皮肤癌，之后又得了前列腺癌。现在，他开始出现阿尔兹海默症的症状。

海灵格：你自己也有被死亡牵引的动力。

男士：我可以感觉得到。但我活下去的意志和经营公司的信念比它要强。

这时，"事业"向男士的代表慢慢靠近，并试图把男士的代表拉向自己。不过，男士的代表把他推开了。

海灵格（对群众）：在这里，我们可以看到"事业"希望男士可以承担起经营公司的责任，但男士没有办法承担。在这里，我们看到一个人的家庭影响到了事业。

"事业"试着从"母亲"身边把男士拉走。男士在"事业"面前静止不动，面对着它。"事业"把手放在男士的背上。

海灵格（对群众）："母亲"把男士拉向死亡，而"事业"想把他拉回生活里。但其中还有一些事情我们没有办法理解。现在我在排列里放一个"秘密"，或许这样事情可以真相大白。

海灵格选了一名女性代表，并让她站在离其他人稍远一点的位置。女性代表像被拉着一般的往后退，像要倒下一样。接着，她往前走了几步。"母亲"已经从死者的代表身边离开，坐了起来。"母亲"深深地看着"秘密"的代表，而"事业"也以同样的方式看着"秘密"的代表。"母亲"跪起来，并深深地对"秘密"鞠躬。"秘密"也跪下来鞠躬。"母亲"和"秘密"的头碰在一起，把"秘密"拉到怀中，好像她是自己的小孩，并把她紧紧抱住。

男士的代表也站起来了。他把头靠在"事业"身上，好像醒过来一般。过了一会儿，他站直身体并且深呼吸。

"母亲"带着"秘密"走向死者的代表。三人深深地拥抱。男士与"事业"也紧紧相拥。男士靠在"事业"身上，"事业"从后面扶住他。

海灵格（对男士）：在这里，我们看到因为"秘密"的出现，也因为"母亲"走向"秘密"，使你能够走向"事业"。你知道这个秘密是什么吗？你不需要告诉我，我只是想知道你知不知道而已。

男士：我好像知道。

海灵格：现在，我会让员工的代表们加入排列中。

海灵格选了三位代表，并让他们肩并肩站在离其他人远一点的地方。男士的代表转向他们，而"事业"依旧在后面扶住他。男士看着地面。

海灵格（对群众）：在这里，我们看到问题所在。这个问题一直以来几乎都是一样的。有人被排除在外，不管是在过去还是在现在，他都找不到立身之处。

三位员工的代表中的一位女性走向躺在地上的那个人。她把手伸向"母亲"，"母亲"牵起她的手并把她也拉到地上，与其他人一同拥抱。

另一位员工的代表站在男士的代表的前面,把手背在后面。

海灵格(对这位代表):对他说"请"。

这位员工的代表保持沉默。

海灵格(对男士):他没有办法对你说出口,他对你有所不满。你重视员工的福利吗?

男士:是的,非常重视。

过了一会儿,海灵格将"事业"与男士分开,并让"事业"站在男士旁边。第三位代表走过去站在"事业"的左边。男士又靠着"事业",他晃来晃去,就是没有办法把第三位代表看进眼里。他和"事业"看着地面。

海灵格(对男士):你的代表没有力量。这里要解决的问题是,他要从哪里得到力量。

第二位员工的代表往前靠近一步。海灵格选了一位男性当作男士弟弟的代表,并让他站在离男士有一点距离的地方。男士的代表开始啜泣。他伸出右手去碰触弟弟的代表,后面拖着"事业"。弟弟的代表慢慢转向男士的代表,男士的代表拥抱了他。他们三个人——"男士""弟弟"与"事业",紧紧相拥。"弟弟"跪下来,把"男士"与"事业"拉向自己。这两位代表肩并肩站着看着"弟弟"。第三位员工的代表把手暂时放在男士的代表头上。第二位员工的代表把手插在口袋里。"事业"想要把"男士"从"弟弟"身边拉走。

海灵格选了四位男性代表被遣散的员工，并让他们肩并肩排成一排，离其他人有一点距离。"事业"、"男士"与"弟弟"马上看向他们。

海灵格（对男士）："事业"看着被遣散的员工们，他们也都看着他。

海灵格走向男士的代表，并对他说：告诉他们"我会带你们回来"。男士说了，同时也在啜泣。

海灵格（对男士）：这就是成功所在了！现在你的代表找到了力量！你必须再把公司扩展开来，到九百人的规模。

群众席间有笑声与掌声。

海灵格（对男士）：你现在觉得如何？

男士：我现在觉得很快乐。

海灵格（对群众）：好的，我们在这里告一段落。

海灵格（对代表们）：谢谢你们。

海灵格（对男士）：你可以在这里多待一会儿。

更多而非更少

海灵格：我们从这次的排列工作里面得到什么结果？事业会因为"更多"而繁盛起来，而非因为"更少"。

男士：几年前我们开始经营这家公司的时候，我注意到突然之间人们只关心自己，公司里有很多人抱持只图自己获利的想法。

海灵格：这就是结果。只要有员工被遣散了，其他人的工作产量就会变低，因为他们再也无法感觉到与公司之间的联系。借由遣散员工来降低成本这个想法需要修正。当老板对员工说"有我在，我期望我的公司能够保障你们的生计，而我需要你们的合作"时，他会立即获得支持。除了这一点，老板还会得到什么？他还能够从员工那里得到新的点子。这才是更好的全球化。

群众笑了。

海灵格（对男子）：好了，很好。祝你成功！

金钱与生命

海灵格：我们通过内在的动力，得到了许多重要的洞察，譬如关于利益的洞察。

这里的利益是什么意思呢？它意味着：更多的生命。不是更多的金钱，而是更多的生命。当一家企业最先看到的是员工以及他们的家人，它就凝聚成为一个为生命服务并有共同命运的群体。而这样的信念会动摇主要的竞争者。

我尽量不要在这里多说，因为还有其他的法则会左右它的结果，而我对它们所知甚少。当一位老板能够正视员工的福利，他们会得到什么样的成功？他们会如何受到尊敬？他们又会得到什么样的支持呢？

故事二：通过服务获得成功

　　海灵格：继续工作。或许这次我们应该处理简单一点的问题。在场有人是从事重要的职业却感觉缺少了什么的吗？我想要为这个做排列工作。这次我将找一位女性。谁想要试试看？

　　海灵格从观众席中选出一位女性，并请她坐到旁边。

　　海灵格：你的议题是什么？

　　女士：我是一名心理学家。我没有办法把工作如我想的那样安排。

　　海灵格：心理学是一门无望的学问。

　　女士：我想听听你的观点是什么。

　　海灵格：通常它都是一门无望的学问。当一个心理学从业者拥有一名客户,那么是谁在为谁服务呢?是心理学家在帮助病患,还是病患在帮助心理学家呢?这门学问在帮助谁?是谁为谁服务呢?每门学问最关键的问题,都在于这门学问在为谁服务。每一门学问都是在提供一种服务。当它在为生命服务时,就是成功的。现在我们就来排列看看。

海灵格直接把这位女士安排在场上,而没有为她选择代表。另外四名自愿代表则被安排在女士对面,大约四米远的地方。

海灵格(对代表们):你们整理一下自己,然后顺着内在的力量移动。

其中一名代表马上就稍稍后退,另外两名代表则向女士靠近一点点,但接着又向后退并往后撤远离她。到最后每位代表都远离了她。

海灵格(对群众):我们看到这个专业对她来说是多么的无望啊。没有人想从她这里得到任何东西。

海灵格(对代表):好了,你们现在可以先坐下。

海灵格选了一名女性,并将她置于刚才代表们所站的位置。

海灵格(对代表):你是她的母亲。

女士跪坐在"母亲"的面前,过了一会儿便跟跄地靠近"母亲",环抱住"母亲"的膝盖。"母亲"把头别过去,并且后退两步。女士看着地面。

海灵格(对群众):我们看到什么?这位女士还在等某些东

西。而母亲的动作想要告诉我们什么呢？她在说：我没有什么好做的了，我该做的都完成了。那些客户对女士来说代表谁呢？他们代表她的母亲。当女士期望从客户身上得到那些她还在希望从母亲那里得到的东西时，她对客户来说就是不胜任的。

女士站起来走向她的"母亲"。她们拥抱了一段很长的时间。

海灵格（对女士）：告诉你的母亲，"我什么都有了。现在我要自己做点事情。我要为自己的生活服务，就像你一样"。

"母亲"点头并面带愉悦。女士简单地摇摇头。

海灵格（对群众）：大家看到这个动作了吗？女士在摇头。客户们注意到了。我想我把所有的都展示出来了。

海灵格（对代表们）：谢谢你们。

成功之母

海灵格（对群众）：职业态度可以分为两种，其中一种是为他人服务。通过为他人服务，人们可以接触到其他人，完成自己的工作，并为自己的生活服务。我们以贸易人员为例。如果他们期望不付出而客户就会自己出现，那么就没有人会上门来。如果他们一味地只想从工作上得到他们想要的，那他们什么也不会得到。当他们告诉未来的客户"我很会修车，请过来试试"，接着让这些有潜力的客户知道他们所言不假，这些客户便会对他们心怀感激。客户会付钱，但在之前他们想要先得到服务。

另一种态度则是期望在工作上可以不劳而获。有时候员工会要求高薪，但当我们要求他具备某些技能时，我们会看到他们要求的酬劳高过他们的经验与能力。那些达成某些目标的人会顺势而起。在职场上我们必须问问自己"我在为他人服务，或者我希望他人来为我服务吗？"

不同的工作态度，直接反映出人们与他们母亲之间的关系。那些在心里说"妈妈，你对我有亏欠"而不是想着靠自己努力的人，对于他们的雇主也是同样的态度。

这里还有一个秘密。当老板想要找人填补管理层的空缺时，他们需要知道第一顺位的评选标准为何。这很简单，但是十分重要。老板得看看应聘者如何与母亲相处。他们尊敬母亲吗？他们接受母亲所给予他们的吗？他们愿不愿意为母亲付出？

因为他们怎么对待母亲，他们就会怎么对待工作。那些对自己的母亲感到愤怒的人，对雇主也会如此。如果一个人是必须承担管理责任的主管，而他或她对母亲感到愤慨，那他会毁了这家公司。雇主们如果能把这点谨记在心，那么他们的事业会更成功。

在选择所要任用的人才时，你一眼便能看出应聘者与母亲关系的好坏。你可以从他的脸看出来。如果他和母亲的关系良好，他的脸会发亮，别人会很容易和他亲近。这是与母亲的关系所产生的影响。

故事三:成功的两个方面

海灵格:有哪位正在经营事业的参与者想要看看发生了什么事?

海灵格选了一位男士,并请他坐到自己旁边来。

海灵格:你的议题是什么?

男士:过去十七年,我有一家自己经营的公司,是我和第一任妻子创办的。七年前我们离婚了,分财产的时候我分到这家公司。我同时有主动和被动的一面。这家公司有相当的规模和组织,现在它已经衰退了一些。

海灵格:你和你的妻子曾经共同创业?

男士:是的。

海灵格：同时？

男士：是的，不过她从来没有参与过公司事务。

海灵格：那资金是从哪里来？

男士：之前我任职于一家公司，离开那里之后我就开始自行创业。

海灵格：好，那我们安排三位代表上来。从"事业"开始，需要一名女性。"事业"永远是一名女性。然后，我需要一位他妻子的代表以及他自己的代表。

海灵格将男士的代表安排在妻子的代表左边。接着将事业的代表安排在他们对面大约五米远的地方。

海灵格（对男士）：好了，现在我们来看看会发生什么事。

"男士"看向他的"妻子"，而"妻子"只看着"事业"，她在发抖。"男士"想要去碰触她，但她躲着他。"妻子"不让"男士"碰她。当他想要把手放在她的背上时，她把他给甩开了。在整个过程里"妻子"看都不看他一眼。"事业"则缩着躺到了地上。

海灵格（对男士）：你之前结过婚吗？

男士：我现在和第二任太太一起。在她之前就没有了。

男士的代表快步地走向跪在地上的"事业"，而他自己也跪了下来。

海灵格：我必须把你换下来，你还没有进入状态，你的动作太快了。

海灵格选了另一位群众当男士的代表，并让他站在妻子的代表旁边。

海灵格（对男士）："事业"看着地面。他在看一位死去的人。

海灵格选了一位死者的代表，并让她背朝下躺在"事业"的前面。

海灵格（对男士）：你知道"事业"代表着谁吗？你知道为什么你和前妻要分开吗？因为有一个被堕掉的孩子。

男士：我们刚结婚不久，我前妻因为流产失去过一个孩子。

"事业"在"死者"前面跪下，握着并轻抚她的手。男士的代表向后退了两步。妻子的代表一直没有把视线从"死者"身上移开。

海灵格（对男士）：这个"事业"和你无关，他完全聚焦在太太身上。"事业"代表这个小孩，先生的注意力也在那里，很清楚地知道他多少和这个孩子有关。现在他在发抖，是的，这个"事业"是撑不久了。

过了一会儿，"妻子"向前更靠近了"死者"一点。"男士"更往后退，并且背靠着墙。死者的代表起身，倒到"事业"的身上去，而"事业"从后面扶住她。

"妻子"转头看看"男士"，"男士"试着退后更多。在整个过程中，"妻子"都在激烈地发抖，并与"死者"越靠越近。

海灵格选了一位女性来代表"秘密"。"秘密"很缓慢地走向男士的代表。现在他跪下了,"秘密"也跟着跪下来。"男士"跪着滑向"秘密",手扶住她的臀部,把她压倒在地,自己躺在她身上并充满爱意地拥抱她。

"事业"现在牢牢地捉住"死者"的脖子,把她压到地上。"妻子"的注意力现在只放在"男士"与"秘密"身上。

海灵格(对男士):你、你太太和"事业"都在慢慢逼近死亡。

过了一会儿,"秘密"拥抱了"男士",背靠在地上,接着闭上眼睛。"男士"躺在她的旁边,也闭上了眼睛。"事业"伸手碰触"妻子"。"妻子"一边在发抖,一边盯着"男士"和"秘密",随即把手伸向身后的"事业",握住"事业"的手。"事业"试图把"妻子"拉向自己,然而并没有成功。"事业"接着便把手放开,自己倒在地上闭上眼睛。而已远离"事业"的"死者",现在也跑来躺在"事业"的旁边,闭上眼睛。"妻子"依旧颤抖着,退得离所有人越来越远。

海灵格(对男士):我不清楚内情,但它却通过动作呈现在我们眼前。我们看到的是这里有很多不同的动力在运作,但却没有一个是能够带领他们走向成功的动力。这里有的是基本的生命法则,没有人可以抹去。现在请站到那里去。

海灵格牵着男士,带他站到所有人的对面,让他可以看到他们所有人。

海灵格（对群众）：这个层次的排列是根本没有办法解决问题的。现在，我要和他一起到另一个层次去。

海灵格（对男士）：你越过这些看向远方，更远的远方……看向更伟大的事物，看向另一种爱。继续往前看，看看恒常的生命。然后你说"现在，我为生命服务"，并且闭上眼睛。

男士：现在，我为生命服务。

海灵格：用爱为生命服务。

男士：用爱为生命服务。

海灵格（对"事业"）：现在，"事业"可以站起来了。

"事业"站起来，站到了男士对面。

海灵格（对男士）：你对"事业"说"现在，我服务"。

男士：现在，我服务。

海灵格：现在，我为生命服务。

男士：现在，我为生命服务。

海灵格：和你一起。

男士：和你一起。

男士用很慢的速度向"事业"靠近。"事业"也慢慢地靠近男士。他向"事业"展开双臂。"事业"还是有点犹豫，接着她举起右手。他牵起她的手握住，接着，"事业"伸出她的左手。他们看着彼此的眼睛，看了很长一段时间。

妻子的代表坐在离他们有点远的地上，带着微笑热切地看着他们。

海灵格（对妻子）：太太现在觉得如何？

妻子：很好。

男士和"事业"依旧看着彼此的眼睛，不久后，他们的额头碰在一起。接着，他们握住彼此的手，并把手举起来。妻子的代表站得离他们有些远。

海灵格（对男士）：再远远地看一次，远远地看着，说"现在，我为生命服务"。

男士：现在，我为生命服务。

海灵格：也告诉"事业"。

男士（对"事业"）：我为生命服务。

男士的代表先是跪着，接着站起来。他走向妻子的代表，他们手牵着手。

海灵格：现在，他站直了。这就是不同之处。

海灵格（对男士）：告诉她"现在，我为生命服务"。

男士（对妻子的代表）：现在，我为生命服务。

海灵格：好了，我可以在这里告一段落。

海灵格（对代表们）：谢谢你们。

罪恶与赎罪

海灵格：这是一个不同动力在一个家庭里运作的展示。这些动力与生命逆行，奔向死亡。这是我们利用平常所知也能观察得到的。一个良知的移动意味着什么呢？我们在许多人身上看到了罪恶感，不管是因为何种原因。有罪恶感的人想要弥补他们的罪过，而他们想要用生命偿还。所以，罪恶感与想要弥补错误的感觉都会导向死亡——这同时也会让事业失败。事业也代表着人，事实上两者没有差别。这是我们所工作的领域，在心理治疗中亦是。

我在这里的工作方式有些不同，我完全地依赖代表们从内在发起的动作，他们无惧于自己所呈现的行为，而一些重要的信息就出现了。所有出于罪恶感与赎罪的动作都导向死亡，与生命反向而行。我在这里所说的话远远超出了一般人所能理解的范围。

这些起于罪恶感与赎罪的动作都与小我有关。当"我"有罪恶感时，"我"觉得事物都掌握在"我"手中，因此"我"在这件事上有所选择，并且有做出选择的能力。"我"相信"我"自己过去应该可以是那个定夺生死的人。赎罪的观念也是一样的。为什么人们要赎罪？他们用爱来赎罪吗？或者他们想通过赎罪让自己感觉好些？

海灵格（对男士）：在这个排列里，赎罪的人在看着"事业"吗？他们在看着员工吗？他们在看着生命吗？

海灵格（对群众）：这里有出于爱的移动，但是在这里的，都是死亡的移动。

海灵格（对男士）：所以我从这里开始介入，我带你到另一个层次。在这个工作的背后所看见的是，在运行的一切，所有人类的移动，每一秒钟、每个人内在为了生存所做的千百个移动，都是出于爱的移动。它们起源于一个趋向生命的内在力量。而这个力量也能驱使罪恶感发生。所以，其实是一个超越小我的力量在导向罪恶。每个因为他者而死的人都是被这种力量所影响的。没有人能在死亡中失去任何东西，在这股动力中任何事情都被完好地保留下来。在这个移动中，我们放开了自己的自以为是，我们变得谦虚。接着，我们让自己被另一个移动引领，这里我们让自己被为生命服务的力量引领——无视过去所发生的事物。那些曾经感到罪恶、曾趋向死亡并超越它的人，会拥有一种新的力量，对生命的力量。

男士点头，双手相握做出祷告的手势，并低下头。

海灵格（对群众）：我们看到了舍弃旧有的动作有多么困难，这些旧有的动作把他们都拖下水了。

海灵格（对男士）：进入另一种运动是一种成就，一种爱的成就。

海灵格（对群众）：现在，他的事业会再次蓬勃发展，而他的太太也会对此有所支持。还有什么好求的呢？

当男士擦去眼泪时，群众都笑了。

海灵格：好了，我们到这里告一段落。

故事四:没有母亲,就没有未来

海灵格:有哪位参加者想要解决与事业相关的问题?

一位女士举手,海灵格请她坐到旁边来。

海灵格:怎么回事?

女士:我有一家诊所,在这之前我经营过一家健身房。

海灵格:是什么样的诊所呢?

女士:有一个部门是医学美容,还有一个部门是治疗和美体中心。

海灵格:你有多少位员工?

女士:十到十二位。

海灵格:那你的问题是什么?

女士：我最近要把这个诊所搬走，因为原来的空间太小了。但是搬迁的工作一直都没有办法完成，我已经花了一个月的时间在这上面了。

海灵格：你认为这个诊所有好的前景吗？

女士：我想是有的。

海灵格（对群众）：你们认为呢？在这个企业体内是没有力量的。不过，我们将它排列出来看看。

海灵格选了一位女性当诊所的代表，六位女性当顾客的代表。顾客的代表在诊所代表对面五米左右的地方站成一排。

海灵格（对群众）：现在，我们来看看会发生什么事。

"顾客"们开始变得有些不安，并退离诊所。没有人想要走近诊所。

海灵格（对代表们）：你们可以回到座位上了，谢谢。

海灵格请女士站在自己的位置上。他选了一位群众当她母亲的代表，并请她站到女士的对面。母亲的代表变得很不安，并且往后退。女士想要走近她，但母亲的代表紧闭双唇。女士越走近她，她就越往后退。"母亲"开始发抖，退缩到一个更远的角落去了。

海灵格（对群众）：这位"母亲"的动作和先前"顾客"们的动作一模一样，她往后退。我在这里先停住，我们已经看到了很重要的信息。

海灵格（对女士）：请坐到我这边来。

海灵格（对群众）：我想要和你们分享我的观察。有哪位你们知道的心理学者和他们的母亲关系是很好的呢？他们的病患代表着谁呢？代表他们的母亲。许多心理学者想要从病患那里得到他们没有从自己的母亲身上得到的东西。这是一个影响深远的说法。这种心理学的未来是什么？谁会去找这些心理学者？通常都是那些否定他们自己母亲，或不同形式上和自己的母亲失去联结的人，会去找他们。对这些病患来说，真正的帮助其实应该是心理学者指引他们与他们的母亲产生联结。

海灵格（对女士）：这是解决办法的开端。我在这里没有办法进行，因为这是一个组织课程。我已经把隐藏的动力呈现在这里，而你也知道是怎么回事。祝福你。

故事五：成就来自母亲

海灵格：你们之中很多人或许会把组织排列想象成和你们在这里看到的完全不同的东西。我和我的太太已经做组织排列的工作有一段时间了，而我们的经验是当我们处理人们的工作问题与他们的专业时，最终都会触及他们个人或者家庭里的核心问题。由此来看，这次的课程可以说是家族排列的进阶课程。现在我想要做有关专业或者面临抉择的个案，譬如要接手哪家公司或者要买哪套房子等。排列工作很快就能使事情的真相浮现出来。

海灵格选了一位女性，并请她坐到他旁边来。

海灵格：你的议题是什么？

女士：两年前我换了行业，同时也换了居住的城市。但其中还是有很多工作上的事情没有办法得到解决。

海灵格：这两个职业是什么呢？

女士：我是公司里的经济分析师。我的家族里有许多生意，必须关闭许多店面，然后我们结束了五家公司的经营。

海灵格：谁负责结束公司经营？

女士：这个事业是从我父亲开始的，他希望他的孩子们都能继承事业。

海灵格：好，请过来站在这里。

海灵格（对群众）：这几乎是与之前一样的核心议题。现在，我需要另一位女性上来。

海灵格选了一个代表作为女士的母亲，并让她面对面站在离女士四米远的地方。女士深深地吸了一口气，双手在裤子上蹭。没有人移动。

海灵格（对群众）：那些对母亲不尊重的人会毁了事业。

海灵格（对女士）：对你母亲说，"我对你很生气"。

女士紧咬嘴唇，深呼吸，眼泪在眼眶里打转。

女士：我对你很生气。

她再一次紧咬嘴唇，深呼吸。

海灵格（对群众）：她对她的事业与她母亲的感觉是相同的。这个情况虽然只反映她与母亲的关系，却带来了影响深远的结果。否定母亲的人会否定他们自己的生活，也会否定成功。

女士哭了。她展开双臂慢慢走向"母亲",并把"母亲"拥抱入怀。她们紧紧相拥了很长一段时间,"母亲"拍拍女士的背。

之后,海灵格选了一名女性代表"事业",让她站在"母亲"斜后方约两米远的地方。"母亲"站到旁边去,而"事业"则从她身后退缩,背靠着墙。

海灵格(对群众):女士对"事业"所做的动作和之前对她"母亲"所做的是一样的。

海灵格(对女士):对"事业"说"我来了"。

女士深深吸了一口气并擦了擦脸。"事业"依旧靠着墙。

海灵格(对群众):你可以看到"事业"和"母亲"的动作几乎一模一样。

海灵格(对女士):对"事业"说"现在,我会做该做的,以让你动起来"。

女士:现在,我会做该做的,我会让你动起来。

女士边说边哭,并擦眼泪。"事业"没有回应。

海灵格:"事业"对这句话没有反应。

女士又大声地说了一次。

海灵格:"事业"还是不为所动。

女士走向"事业",抓住她的手臂摇晃她。

海灵格:这不是和母亲产生联结的方法。

女士想要移动"事业",她对她微笑,并且用各种不同的方法想要得到她的回应。但"事业"就是无动于衷。

  海灵格(对群众):我想我们可以在这里告一段落。我已经把核心问题呈现出来了。

故事六：到底是谁的事业？

海灵格：现在，我想做有关一般产业的排列，与制造业相关的排列。

一位男士举手，海灵格请他坐到旁边来。

男士：我和我的兄弟们经营一个家族企业。我们把食物卖给超级市场和大卖场。现在我们碰到的问题是意见不合，我们在经营事业上有不同的想法。

海灵格：不同在哪里？

男士：有关未来。因为我们是家族企业，其中一种经营态度应该是要更专业，有更多员工，也应该需要有更多人参与进来。另一种完全不同的经营态度是，因为我认识一个人，所以我想留住这个人，即便这个人做事不是那么有效率。

　　海灵格：在兄弟之间，你排行老几？

　　男士：我是最年长的，应该说在男性手足之间我是最年长的。

　　海灵格（对群众）：为什么他要强调男性呢？

　　男士：因为这个家族事业是属于男性的，女性没有被包含在里面。

　　群众中有笑声。

　　海灵格：噢，好吧。是谁开始这个生意的？

　　男士：我开始的，我和我兄弟。女性都已经结婚了。

　　海灵格：那资金从哪里来？

　　男士：我以前在一家银行工作。我离开那家银行的时候跟他们进行了谈判，后来我就把拿到的钱用来投资这个生意。长大的过程中我和兄弟们一直很亲，我们的父亲占有很重要的位置。他跟我说，你不能自己一个人经营生意，你一定要跟你的兄弟一起。不过资金总是从我这边来，只能从我这边来。

　　海灵格：从你这边？

　　男士：对，是从这家银行来的。我离开那边的时候拿到一笔钱。然后，我把它拿来投资这个生意。

　　海灵格：谁是这个企业的所有人？

　　男士：我们三个共有这家企业。

　　海灵格：不对。

男士：我们家里的事情都是这样的，我们的钱都拿来投资生意了。所以，不只是我父亲把钱拿出来投资，我们也都是这样。在我的认知里是这样，而我也这样认为，我离开银行时拿到的钱是属于我们所有人的。

海灵格（对群众）：这个生意只属于他一个人，是他努力的结果。

（在男士想继续说话的时候）海灵格：我不想听他再说什么。

群众中有人笑得更大声了，男士自己也跟着笑了。

海灵格：当然，我们会把这个问题排列出来，并且好好地看一看。我需要找个人来代表"事业"，"事业"永远是一个女人。然后，我还需要三个男人来代表三兄弟。

"事业"站在离三兄弟四米远的地方。

海灵格：我们还要找一位女性上来。

海灵格（对举手的女士）：你过来站在这里，你代表"钱"。

"钱"在"事业"右手边三米远的地方。"事业"慢慢退离三兄弟。"钱"的代表突然走向中间的兄弟，并抓住他的肩膀。

海灵格（对"钱"的代表）：我必须把你换下来，你还没有进入状态。

海灵格：我需要另一位女士。

海灵格：我从哪里看出她还没有进入状态呢？起先，她把眼睛闭起来，她的脑子里开始有个影像，她开始随着那个影像移动，而没有和其他人产生联结。经过感知而做出移动时,她的眼睛会是睁开的,而且移动会很缓慢。

这里我们可以看到一个很重要的东西。当你在做排列工作时,若有人没有进入状态,那么这个排列工作便不会成功。这里有一些准则可提供给你们作为指引。

海灵格选了另一位女士当作代表,并把她安排在同样的位置,也就是距离"事业"约两米远的地方。"事业"往后退了几步。"钱"看着三兄弟,没有动作。

海灵格(对群众):现在,你们看到了动作上的差别了。

"事业"向前踏了一步,接着向后退了好几步。

最年长的兄弟转身离开其他兄弟,背对着他们走向"钱"。接着他转身,站在离"钱"两米远的地方。

"钱"退到左边,并往左边倾斜。"事业"又往前走了几步。当最年长的兄弟开始走向"钱"的时候,"钱"跪了下来,看着地面,并弯下腰来,直到额头碰到地上。

"事业"退到后面去了,过了一会儿在"钱"身后约一米远的地方跪下。

最年长的兄弟已经退得远远的,和其他兄弟失去联结,并且开始慢慢地向"钱"靠近。

海灵格选了一名女性,并要她站在"钱"的前面。突然间,所有事情开始有所改变。

海灵格（对男士）：这是谁的事业呢？是属于一个女人的。这名代表就是在代表母亲。还会有谁呢？还会有谁能和她的动力相符合？

最年长的兄弟现在更靠近"钱"了。"钱"站直，在最年长的兄弟旁边侧身站起。最年长的兄弟在"母亲"面前跪下。"钱"靠向最年长的兄弟。"母亲"张开手臂。

海灵格（对男士）：你看她多么伟大地站在那里。

海灵格（对群众）：这很奇怪，当他谈论他的家庭时，他只提到他的父亲——父亲想要这个、父亲想要那个、父亲说……但母亲才是决定性的角色。我知道其中有些关于这位女士的事情不太正确。

最年长的兄弟和"母亲"离得更近了，他跪着向她移动。

海灵格（对群众）：这不是很好吗？

海灵格（对男士）：其他兄弟到现在也没有任何动作，他们没有承受任何东西。

群众中有笑声。

"事业"同样跪着，靠近最年长的兄弟及"钱"，伸手环抱着他们。他们全都抱在一起。"母亲"越过他们看向未来。

海灵格（对男士）：这个事业是有未来的。这是一个带着力量的画面。母亲越过你们看向你所服务的生活。现在，你会经营一个特别的事业，好好地选择你所提供给生活的服务。

海灵格（对群众）：没有比现在我们所看到的更好的画面了。

海灵格（轻推了一下男士）：加油，去吧！

海灵格（对代表们）：好了，到此为止。谢谢你们。

在男士把眼泪擦干的同时，群众中响起了掌声。

静心冥想：幸福在哪里？

还有些东西可以让我们再想想。想象一下事业，他们会为这份事业做什么？他们能做什么？他们的服务能惠及多少人？现在，比较一下所谓的"助人专业"——心理学、心理治疗、某些特定的社会工作，其中同理心扮演了很重要的角色。通常，这些工作在帮助那些自己什么事都不想做的人。请去分辨这点与我们在这里所感受到的能量！

现在，闭上你们的眼睛。我会和你们一起做一段冥想。我们走进我们的职业并感受内心：我们在工作中接触到多少人？我们如何让工作服务于我们的生活？我们对生活有什么贡献？然后，我们仔细思量：我们的态度、我们所给予的爱，以及我们正在学习的事物，可以有什么改变？有什么优点是我们可以保持并变得更好的？

接着，在为生命服务的工作中，我们可以创造一个更宏大的自己，把自己的生命延展开来，并且能自我依赖。我们从对妥协的虚弱的让步中解脱出来，用一种挑战他人的方式去服务。

现在，我们看看我们的母亲并对她说：我服务于生命，就像你一样；我以最高的成就来记住你，就像你一样；我给予，就像你一样。

我还要再说一个有关成功的秘密。在和谐的服务过程中，我会在心里说：更多，依旧是更多。

而哪里是完结之处呢？是在喜悦中。

成功是生命的法则

　　成功是生命的法则，这完全取决于我们是否把生活当成生活，生活与母亲在我们的内在是同一件事情：我们怎么看待母亲，我们就怎么看待生活，否定母亲就是在否定生活。有时候生活与爱也是同一件事情。所有的生活都是通过爱茁壮成长的，所有运作得良好的关系都是爱的关系，这个基本法则在任何领域中都是说得通的。

　　所以，第一个步骤是什么呢？我们的生命完全是被别人赋予的，我们借由主动地接受生命来获得它，包含它所要继承的一切。

　　首先，我们如是地看见父母，并且如是地看见我们的生活。生命之流有时候会被某些东西阻碍，只有当我们付出时才有能力接受。当我们不劳而获时，很容易地，我们就会觉得不那么舒服。我们接受，同时也会想要付出。在与伴侣的关系中，我们最能清楚地看到这点。从对方那里获得的越多，就有越多东西可以给予对方，这是一种对等的交换。

然而，我们无法用同样的方式回馈我们的父母。我们从他们那里接受的，是我们永远没有办法平衡的。出于恐惧，许多人害怕要求父母越多，就越无法尽自己的义务回馈他们。因此，他们选择用不接受来保护自己，从对等的回馈中逃避开来。

这里，有另一个解决的办法。无惧地接受所有父母所给予我们的，因为我们知道一定会有将此传递出去的时候。当我们同意"将所接受的传递出去"这个想法——并且也愿意这么做的时候——那么我们就能无拘无束地接受父母给予我们的一切。那些在生活中应当成功的事物，只有当我们接受父母给予的一切，并且也愿意将这些传递出去时，才会获得成功。因为我们愿意把从父母那里接受的，转化成对他人的服务。

这会对生活中的许多方面产生影响，那些没有办法接受母亲的人，同时也会无法接受他们的伴侣。我们与母亲和父亲的关系，会反映在我们与伴侣的关系上。同时，这也会反映在我们的工作和专业上。那些接受父母所给予的一切的人，能够将其传递至工作领域中，他们会热爱他们的工作。我有时能够体验到这点。譬如我到火车站买票，在售票窗口的服务员带着微笑，我马上便知道她和母亲的关系一定很好。她很亲切地接待我，让我感觉很好。她享受她的工作，因为她和母亲联结在一起。

我们与母亲的关系，会反映在我们与工作和金钱的关系上。那些没有办法接受母亲的人，是没有办法接受金钱的。也许他们可以赚取金钱，却无法好好运用它，他们无法享受其中。这都是有所关联的。所以，我会继续在这里工作。这不只是和组织、专业以及我们的生活有关，这也和我们自己有关——我们如何在生命中表达爱，而我们又如何从中获得喜悦与幸福。

故事七：检察官、法律与生命

海灵格：有谁是需要做决定的?

一位女士举手，她到台上来并坐在海灵格旁边。

女士：我在我的专业上遇到一些问题。

海灵格：你的职业是什么？

女士：我是公证人（检察官），在法院做公证。我最大的问题在于，我的角色需要我主持公道，但我却常常觉得我在助长不公。

海灵格：你真正的议题是什么？

女士：在这个环境里我没有办法和我的专业团队之间有进一步的发展。因此，我辞职并且开始做研究。现在我在读博士，我很难相信我的个人经验。

海灵格：好，我们先把它排列出来，再看看是怎么回事。请过来站在这里。

海灵格选了第二位女性，并让她站在检察官对面约四米远的地方。

海灵格（对第二位女性代表）：你代表她的母亲和她的生活。

检察官走向"母亲"并拥抱她，"母亲"响应她，但是有所犹豫。"母亲"看着地面，接着坐下，并且依旧看着地面。检察官变得有些无助。

海灵格（对女士）：现在，你再站回她的对面，好好整理内在的自己，并保持这种状态，然后看看她，她在被拉向死亡。但是，你得离得远远的，不带有同理心、同情心，也不要担心。你要与一个更宏大的力量产生共鸣，一个引导她信念的力量，你将这个力量置于身外，也置于她之外。

过了一会儿。

海灵格（对女士）：现在，你往后退几步。

她往后退了几步。

海灵格（对女士）：隔着这段距离，你对"母亲"说"亲爱的妈妈"。

女士：亲爱的妈妈。

海灵格："谢谢你给我的一切"。

女士：谢谢你给我的一切。

海灵格:"现在,我为生命服务"。

女士:现在,我为生命服务。

海灵格:"不管它向我要求什么"。

女士:不管它向我要求什么。

在同一时间,"母亲"完全躺到地上去了。她侧躺着,面向女儿。

海灵格选了一位男性代表,并让他站在"母亲"的右边,离她大约一米的距离。

海灵格(对男性代表):你是"法律",而她(指向躺在地上的"母亲")是"生命"。

"法律"站得直挺挺的。

海灵格(对女士):保持整理好的状态,并对"法律"说,"我服务,我借由你的协助为生命服务"。

女士:我服务,我借由你的协助为生命服务。

"法律"深深吸了口气。女士脸上的线条柔和起来。

海灵格(对女士):你做好你的决定了吗?保持整理好的状态,保持内在的状态,让另一个引领法律的力量同时也来带领你。这个力量同时也带领着生命,它同等地带领你们。

女士深呼吸。

海灵格:再看看你的"母亲",对她说,"我为生命服务"。

女士:我为生命服务。

海灵格:"像你一样"。

女士:像你一样。

海灵格:现在看着"法律",也跟他说同样的话。

女士:我像你一样为生命服务。

过了一会儿。

海灵格:好了,谢谢你们。

海灵格(对女士):你现在觉得如何?你现在又变得虚弱了,请保持你的力量,像"法律"一样直挺挺地站着。对,就像这样。你现在觉得如何?

女士:很好。

海灵格:好,祝福你!

生命之路

我们谈论的话题永远与这两件事情有关:生与死。我们如何走进生命之路,如何深入其中,而我们的内在又如何与它相联结?

闭上眼睛,我们便能感觉到藏于我们内在的生命动力。这股动力是否有极限呢?譬如在我们的想象中,这股动力是否会向"削减"移动?就是因为它是一股充满创造性的动力,所以我们允许它超越限制,向"更多"移动,朝向一个更开阔且更富足的境界,向内在的心灵与其所承受的一切,以及远超过我们生命的事物迈进。

好了,现在我们就将继续在生命之路上前进。

故事八：凝聚而非分离

海灵格：我想再次进行有关事业的排列工作。在场的各位中，有拥有许多员工的企业家吗？有谁从事制造业并且想要对自己的事业一探究竟的？

两位男士与一位女士来到台前。

海灵格：你们三位是合伙人吗？

海灵格（对第一位男士与女士）：你们是伴侣关系吗？

第一位男士：不是的。

海灵格：你们在经营的是什么样的公司？

第一位男士：我们做的是电信生意。

海灵格：这个生意是由谁开始做的？

第一位男士：我。

海灵格：是由你开始的？

第一位男士：是的，十二年前开始的。

海灵格：我很想仔细地看看企业家。我很高兴这里不止有一位。其他两位是如何变成你的伙伴的呢？

第一位男士：因为公司发展得越来越好，有越来越多的工作，所以两位就过来支持我了。这位女士一开始的时候就在公司里任职。由于公司越做越大，所以两位就接手一部分的公司业务并且买下了它。

海灵格：他们购买了公司股权吗？

第一位男士：他们买了一部分的公司股权，不过不是用钱，而是用他们的劳动。他们之后赚到的钱的一部分也将被投资在公司里。

海灵格：你们有多少位员工？

第一位男士：加上我们，全公司总共有十六人。

海灵格：我已经知道得够多了。我现在只需要感受一下。你们的问题是什么呢？

第一位男士：现在公司的运营情况良好，我们有很好的员工，合作得很愉快，同时也有很多客户。我们自己也生产材料，我们的客户是其他大工厂。不过，我们在法律上遇到严重的问题，我们有一场官司败诉了，这威胁到公司的存续。

海灵格：是什么样的官司呢？

第一位男士：我们有一家合作的供货商，但这家公司做得不好，所以我们就与其解约并与另外一家合作。在我们和这家公司解约前，他们就抢先提起诉讼，并要求取得他们应有的权利。我们没有办法结案，那时候我们也不知道他们会采取这种办法。

海灵格：这个供货商扮演什么角色呢？它是股东吗？

第一位男士：它是和我们签约的服务供货商。

海灵格：那你们三位的关系是什么呢？是平等的还是有位阶之分？

第一位男士：公司是由我负责带领的，不过做决策时我们三个会一起协商。

海灵格：为什么我会问这个问题呢？那是因为创办者是无法被取代的。没有人可以和创办者同一个位阶，意思是创办者必须充当领导者。其余的人是股东，处在从属的位置。你们的关系是这样的吗？

第一位男士：是的。

海灵格：那这就可以了。我会解释这是怎么一回事。前阵子有三位税务顾问来拜访我，两位男士与一位女士。他们之间有些困难。我问他们：是谁成立这个事务所的？那两位男士说：我们一起成立的，不过因为那位女士表现得真的很好，我们也让她当合伙人。

这是行不通的，没有人可以跟创办者平起平坐。当一个人把员工视为与自己有相同高度的角色时会发生什么事呢？员工会将其取代！没有人可以和创办者平起平坐，后加入的员工只能留在较低的阶层，这样情况就好些了，就像你们现在一样。

第一位男士：我们之间的模式就是这样的。

海灵格：所以问题不在于你们的公司，而在于另一家公司。

第一位男士：大致是这样。整个诉讼过程都没有人听我们说话，当我们被告时我们试着打官司，但法官要求我们出示证据。第二次诉讼时也发生了同样的事情，没有人听我们说话，然后判决马上就下来了。

海灵格：所以问题是，我们在这里可以做什么？我们现在在这里可以做什么？

海灵格让第一位男士站着，然后让另一个合伙人的代表站在离他四米远的地方。接着，他选了一位女性代表"纠纷"，并且说道："几乎所有的纷争都是由女性做代表。"他将她置于两人的正中间，好让两人与她的距离相同。

海灵格（对代表们）：让我们看看接下来会发生什么事情，整理好自己，然后跟着动力移动。

第一位男士的女性合伙人往后退了两步，他自己也同样退了两步。合伙人瞥了"纠纷"一眼。第一位男士也看着"纠纷"，接着站回来一步。又一次，另一位合伙人朝"纠纷"那里看去，"纠纷"往后站，第一位男士也往后站。"纠纷"再往后站，并慢慢地向第一位男士那边移动。

第一位男士也站了回来。另一位合伙人慢慢走向他。男士又往后退，"纠纷"和他一起往同一个方向移动，远离另一位合伙人。

海灵格选了一位男士，并让他站在第一位男士与另一位合伙人的中间，离中线大约两米的地方，不过离第一位男士较近。

海灵格（对新代表）：你代表要来取代他的人或是公司。

第一位男士直勾勾地看了这位代表好长一段时间。另一位合伙人持续地往第一位男士那边走。第一位男士往新代表那边靠近，然而新代表把他的手推向第一位男士，好像在摆脱他。现在，第一位男士和另一位合伙人只距离一米远。

新代表看着"纠纷"，"纠纷"小步地靠近他，直到来到他旁边。新代表让"纠纷"站在他右边。

第一位男士更靠近另一位合伙人了，但有些犹豫不决，有时候后退一些又接着往前。另一位合伙人的代表张开双手，好像在邀请第一位男士过来。

海灵格（对第一位男士）：看看你的后面。

到这时，第一位男士才明白在他身后发生了什么事。他向另一位合伙人靠近。另一位合伙人向后退一步，但依旧张开双臂。接着把手垂落下来，并再后退一步。

海灵格（对第一位男士）：再看看另一位合伙人。

男士面向另一位合伙人。另一位合伙人往他的方向向前迈了一步，但接着又退缩，向后退了两步。

海灵格（对新代表）：他之前把手伸向你，但你没有看见。现在，请站在他的旁边。

第一位男士站到他的旁边，两人面向对方。海灵格又选了一位男士并让他站到他们的对面。

海灵格（对这位代表）：你代表新的厂商。

过了一会儿，第一位男士用手挽着这位代表，但和另一位合伙人只是互相看着。"纠纷"离这位代表远远的。

海灵格：我想到这里可以结束了。

海灵格（对代表）：谢谢你们。

海灵格（对第一位男士）：你现在觉得如何？

第一位男士：现在很平静，有种如释重负的感觉。

海灵格：你把有敌人这件事情看得太重了。

女性合伙人：他是我们的供货商，但同时也是我们的竞争者，所以也就是我们的敌人，和我们对立的就是我们的竞争者。

海灵格：我们可以在这里看到，另一位合伙人才是竞争者。

女性合伙人不置可否。

海灵格：在这里，我相信我们看到的动力。这个动力展示出另一幅景象，它给了你们一个新的机会。

女性合伙人和第一位男士点头。

海灵格（对第一位男士）：现在你看到另一个画面，你必须看看它所带来的发展。你过去把供货商当作你的敌人，但其实另一位合伙人才是你的敌人。现在，你可以好好整合出一幅新的画面。

第一位男士：我看得出来，因为我们不全然是竞争对手，有时我们的服务能使双方互惠。

海灵格：当我们让动力朝它想去的地方移动时，我们可以很容易就找到解决的办法。在这层觉知上，这种方法是十分有效的。

故事九：与母亲的联结

海灵格：现在让我们来进行一个直截了当的排列。有做决定的需求的人请举手，譬如是否置业或搬迁等。

一名女士举手，并坐到了海灵格旁边。

海灵格：你要做什么决定？

女士：我和先生在考虑是否要搬离现在住的公寓。

海灵格：现阶段已经找到其他的地方了吗？

女士：目前没有。

海灵格：所以，这是关于是否要搬走的问题啰？这样的话，我们能怎么做呢？就像我先前所说的生命动力，这会是一个朝向"减少"的移动，还是一个朝向"更多"的移动呢？

女士开始思考。

海灵格：会是什么呢？

女士：倾向"减少"的移动。

海灵格：所以，问题出在另外一个层面。是哪一个呢？是你的母亲。

女士笑了，群众也跟着她笑了。

海灵格：那我们到这里结束。

主题 四

向前走

未来就在我们眼前,但如果我们仅仅梦想着未来,那它就不在眼前了。

只要我们踏出一步,就是向未来前进了一步。

海灵格：我想要说一些有关未来的事情。未来就在我们眼前，但如果我们仅仅梦想着未来，那它就不在眼前了。让我来解释未来是什么。

海灵格向前踏了一步。

海灵格：向前走一步就能表现出未来意味着什么。这表示我们接下来将踏出下一步。而如果我们只是梦想着未来，我们便不是在走向未来。只要我们踏出一步，就是向未来前进了一步。

新取向家族排列：与道同行

　　一旦你了解了这个道理，你就知晓了"与道同行"的道理。我们顺着道的动力往前走一步，仅此一步。接着，我们再顺着道的引导走出下一步。道的动力永远朝着同一个方向，朝着下一步。

　　而"洞见"的道理也是相同的。一个洞见总是引导出一个行动。我们没有抽象的洞见，因为洞见是动力的一部分，从洞见中我们跟随道的动力移动。如果我们有了一个突如其来的洞见，我们就必须往前走，而它通常只是一小步，之后我们会暂停，然后下一步会接着到来。

　　现在，如同我们在这个工作坊中所观察和体会到的，你可以看见被我称为"与道同行"的家族排列进阶模式。我们永远不会知道下一步是什么。我们从第一步开始，接着我们停下来看看四周，然后突然就知道什么是下一步了，并且继续下去。

因此，如果在处理问题或者在和客户交涉时，你对结果已经有了确切的想法，你就无法和道的动力联结了。你只知道一步，你相信这一步是正确的，但这一步有时会让人觉得奇怪。

有时候，我在排列中说了惊人的话语。我有一个惊人的洞见，而当我让某个人说出来，譬如"我杀了你"，这就听起来很吓人，但它却是正确的一步，之后其他的事物将会纷纷显现出来。但如果那个人没有说出我在当下所洞悉到的这句话，接着其他的事是不可能发生的。

因此，如果我们有了一个洞见，我们必须信任它，即使我们对会被带往哪里一无所知，也要迈开步伐，接下来的每一步也就能持续下来。与心灵相随，也就是任由一个片刻接着一个片刻移动。当然，一旦你向前移动了，我们就会忘却遗落在后面的事情。只要我们被过去的事物左右，我们就没有办法往前进，而朝向未来的动力也会因此停止了。

认识"现在"与"未来"

关于未来，还有些事情我们需要铭记在心。长久以来我总想着一个问题：新的洞见是什么呢？有什么将会出现在我们以后的路上呢？接下来还有什么即将到来呢？

我无法对此发表我的看法，仅能描述它。

有些人说：现在我知道了。他们知道的是什么呢？他们知道的是现在已知的。所以，他们认知或感知到的，都是早就出现过的了。这个见解不是新的，它只是和已存在的事物产生的联结。

现在当我随着心灵移动，或是当我被其带领，突然间我就会明白：我已经为一个新的洞见的到来做好了准备。

这种经验有别于识别已存在的事物。在这种情况下，我并不知道接下来会发生什么事情。因此我在等待，突然间我有了一个新的洞见，这个洞见充满了创造力。因为它是前所未有的，所以是完全新颖的，并且也富有创造性。

如果我们只凭借先前的知识，如何才能踏着创造性的步伐并随着心灵的动力前进呢？不管我们之前学到了什么，它们都属于过去，包括家族排列。只要我们还依循着原有的知识，我们就只能停留在过去，同时我们也停留在创造性的动力之外。

然而过去并非全部会失去，我们依旧留有一部分的经验。但当我们依赖它，觉得它能指引我们时，我们反而停滞不前了。因为我们本就不需要信任那股隐藏的力量，也不需要勇气，仅仅凭借着某些我们能掌控的事物就可以了。如此一来，未来也就不是新的，而只是一种重复了。

新的成功

关于成功,我还有些话想说。

每次成功都是一种结束。无论何时,当我们谈论我们的成功时,它们其实都已经是过去的事了,因而我们谈论的是过去的成功。

真正的成功还在抵达的路上,它们是跟着下一步到来的。等到这个下一步也成为过去,我们就再朝着下一步前进。因此,当我们谈论成功时,我们是时刻保持前进的。

解决之道

有时候我们想从纠结的事物中解脱,而且我们觉得我们有权这样做。譬如说,我们和母亲的相处出了一些问题,当我们想从与母亲相处的胶着情况中脱身时,我们想到的是过去的画面,但是,我们忘记了我们的母亲同时也是在前进的,她已经远离了我们很久以前对她的印象。所以如果我们与母亲分开,我们也就与她的前进脱轨了,接着便无法跟上母亲、父亲或其他随着心灵动力移动的人的脚步了。而对我们来说,未来一直是在我们前面的。

领导的序位

领导，意味着什么呢？一位领导者是被他人所需要的，而他只有在被群众需要时，才有办法带领他们。这些被设定为领导者的人手中握有对群众来说十分重要的资源，而只有当他们把自己所拥有的提供给群众时，他们才能得到群众的支持与信任。

这是一个十分具体的领导序位。领导者影响力的所及之处取决于他们的付出有多少。领导也就是为一个更大的群体服务，因此领导也可以说是一种爱的移动。而只有当领导者心里惦记着他人时，领导才有成功的可能，因为他们必须同时为许多人服务。这么一来，领导便是爱的移动了。

在这个工作坊中，我们要来看看领导的序位，当然，其中也有些特定的准则能够帮助我们成功地担任一个领导者或企业家。举例来说，我在这里也是一名领导者：你们因为想从我这里得到一些东西所以来到这个地方，因此我将正在做的事情付出给你们，同时我们也如同一个团体般合作，也就是说，我把你们各自拥有的能力也都包含进来了。

几年前我成为团体动力的专家，这是我在南非的时候学会的，它改变了我的生命。团体动力中有一点很棒的是，群体中的每个人都有特殊的才能可以贡献，并且只要团体需要他，他就必须站出来，并用他特有的才能带领群众。一旦事情完成了，另一位团体需要的人就会出现，来带领大家。也就是说，一个群体会根据是否能够给团体提供当下所需要的服务项目而更换领导者。

所以，成功的领导者会注意到每位成员的特殊才能，并将其纳入对群体的带领者中。但是很明显，这种方式的带领并非总是可行的。有时领导者的心灵会有些阻碍，或者这个组织的过往多少会对他造成一些影响。我们可以在今天的个案工作中观察到这个议题。

同时，这种方式的带领是一个供人参考的背景。在特定情况下，面对特定组织或特定事业时，领导本身也会有所转变。而在这里我并不是在带领，而是置身于事外。譬如，对于组织内部的细节，我便不预设我会比你们了解。我在这里只是用我的知识与能力，来帮助人们找寻指引他们成功的道路。因此，一如我平常的工作方式，我总是待在背景之中。在那里我可以带领而不激起反抗，因为在过程中我并不干预。在这里也是一样，我被心灵的移动带领着。

我们的故乡

我想说说我们所来自的国家。

我们出生与成长的地方是我们命运的一部分,她们与母亲有着紧密的联结。我们的故乡对我们来说就像母亲,我们从那里得到了不可或缺的一切。也因为如此,我们对故乡有着特别的责任。同样地,在我们与故乡的关系中,也有着一个施与受的平衡。因为我们从故乡那里得到的太多,譬如教育——我们最初习得的语言,这是故乡给我们最重要的礼物。同时,我们与故乡也有许多联结,这些联结包含我们置身其中并且指引着我们的文化。因而,我们应该对她带有忠诚的情感,我们必须对她有所回馈。就像故乡不曾停歇地给予我们养分,我们也对等地给予故乡尊重。

有时候，我们的故乡有了麻烦。这种例子屡见不鲜，譬如克罗地亚、塞尔维亚、波斯尼亚、阿尔巴尼亚等。当地的人民逃至其他国家避难，可以说他们拒绝与其他的国民一起承受故乡的命运。

结果是什么呢？在这个过程中他们失去了一些东西——他们失去了一部分力量。我们可以看到，由于他们没有准备为故乡付出，通常他们也拒绝为收容他们的国家奉献。所以，他们常常抱持一种只收受而不付出的心态。我也观察到一些逃离家园的人，后来生病了，而他们必须回到祖国才会痊愈。还有些人不得不离开家乡到其他国家去。我不会质疑这些人，因为只有这样他们才能活下来。而当他们愿意为收容他们的国家付出时，他们也就有了留在这个新故乡的权利。

故乡与事业

现在，我们如何将这些见解与观察应用在事业上？当然，我是从经营事业的角度来提问的。当一个事业和它的故乡产生联结，并且首先服务于故乡的人民时，它便是平顺的。这是首要的部分。之后这个事业或许会扩展，当然有可能扩展到其他国家设立分支，但是它的根绝对要留在故乡。这是一个保险的做法。

我们也许认为在其他地方会找到好运并带来财富，因而离开祖国。这个动机其实和我们与母亲的联结有很大关系。如果我们和自己的母亲失去联结，我们也会和故乡失去联结。而当我们再度与母亲产生联结时，我们就能回到故乡的怀抱。在故乡，我们能真正脚踏"实地"。相较于其他地方，在原生的环境里我们能得到更多支持。

全球化

但是如果有一个公司因为在国外生产商品的成本更低，而决定到国外发展呢？从某个角度来说，它离开了故土，但另一方面它也在为另一个国家服务。对于这种情况我不予置评。如果我们一边在心里与故乡联结，一边拓展事业并为其他的国家服务，在这些不同的国家之间，就能产生我们无法想象的强韧的联结。因此，我将全球化视为一股有利于故乡的动力，这股动力同时也有利于世界上其他的国家，有利于一个更大的社群。

静心冥想：地球，我们的家

　　我想来说说我们共同的家——地球。

　　何处是我们共同的家呢？就是这个地球，也就是这片大地。我们必须与它紧紧联系，如生根一般扎入其中。这片大地与那些承载着它的力量一起承载着我们，所以万事万物都彼此呼应。如果我们忽略了这点，我们便会孤立无援。

　　当我们与这片大地拥有共同的振动频率时，我们就可以用带着爱的眼光看这个世界，用带着爱的眼光看所有的一切。我们接受地球与世界原本的模样，我们也接受它即将发生的转变，我们带着信心接受它。而地球并不只是一颗绕着太阳转的行星而已，地球母亲伴随着我们持续移动，通过我们的进展与成功和我们一起前进。有些人认为这些进步会为地球带来危险，但这么想其实就不是以地球原本的样子看待它了。若内心想着怎样会对地球更好，也就无法与它保持联系了。他们因此失去了与其他人的联结，也与支持着每个生命的新发展失去了联系。

如果我们认为进步是不利的，那会发生什么事呢？在许多想保留旧时代甚至远古时代的国家里，我们看到了后果。有许许多多的人被杀害！我们在这个课程里体验到的，是学会如何信任这片土地所有的动力，并接受它原本就会发生的转变。这会带来什么影响呢？

我们得忘记怎么做才能使地球更好的这个想法。相反，我们要谦虚地与地球一同转变，爱地球原本的样子，忘记那些如何变得更好的大道理。忘记天堂，同时也忘记地狱。接着，我们便能在地球上得到快乐与满足，与她产生共鸣。

一同为地球奉献

我们在这里体验到的，是这片大地为生命所付出的以及这片大地上的生命为这片大地所付出的。因而，我们能与享有这片大地的服务的其他动力融合在一起。

接着，我们要消除自己或许会做得比其他人好的想法。我们努力达成某个目标，而对其他人来说也是一样的；我们从自身的错误中学习，而其他人也从他们自己的错误中学习。每一点进步、每一个创造性的进步，都是以错误为基础的，或者更确切地说，是以未完成的事物为基础的。只有当我们接受事物未完成的状态而愿意继续完成它时，创造性的动力才使得上力。

　　因此，当我们看到自己或者他人身上还有改进的空间时，我们不需要担心它是不完备的。因为当我们得知自己的不完备时，一个新的想法也会同时出现，那就是我们会持续朝着完成前进。所以，我们与许多人一起努力，在一个充满爱也愿意拓展生命的群体中向前迈进。

事业上的成功

我想说说有关成功的想法。成功在我们道路的尽头到来。如果我们走在正确的路上,成功便会靠近我们并在终点与我们相遇。

成功的反面是失败。若我们在达成目标前就中止行动,失败便是不可避免的。如果我们只是傻傻地等着成功而无所付出,那结果会更糟。这很明确且清楚,不是吗?

成功需要准备特定的技术、特定的知识与经验,在许多层面都要准备周全。我不知道为什么我要说这个大家都心知肚明的事,但这只是一个概观,其中还有很多事情需要考虑,这样才能让成功到来并且增长。

内在需求

有一种成功是很明显地被展示出来的，是要被看见的；还有一种成功，与内在移动有关。当我们的内在移动到达一个特定的目标，得到内在的成功时，外在的成功才能被我们预期。反之，事业上的成功或者工作上的成功便没有实现之时。即便我们已经成功了，不久后它也会开始萎缩并且终止。我们甚至会失去已经达成或得到的，最后所有的成功都将被夺走。

如果成功无法在我们的生活与工作中实现，我们就必须暂时停下脚步并关注我们的内在动力，直到它有些改变，直到我们的内在也感觉到成功。而这个内在移动是什么呢？对于要说明这件事我感到有些羞愧。我怕有些人会摇摇头说："这跟成功有什么关系啊？"但内在移动和成功是息息相关的。内在移动带领我们实现人生至高的成功，这是我们朝向母亲的移动。我们最大的成功便是得到生命！没有任何成功比它更伟大了！所有其他的成功都必须以此为基础，没有了这个成功，便不会有其他的成功。

然而，我们朝向母亲的移动常常被阻挠——所以，我们没有办法成功地与她联结。那是什么样的阻碍呢？

在我们心中有许多关于母亲的影像，而这些内在影像会勾起一些我们的感觉。我们常常觉得自己比她优越，好像我们有权这么做一样。举例来说，去批评、去指控或去评断母亲，好像我们才是她的母亲，而不是去承认她是我们的母亲，我们是她的孩子。

臣服于母亲这个动作，并非一件容易的事，它会是一个成就。它远远超过我们的良知能做到的事，因为它不在我们的掌控之中。这是一个完全交托给母亲的移动，真正以她原本的样貌交托给她。她成为我们的母亲，不管她过去和现在是什么模样，那都不重要了。唯独"她成为我们的母亲"是最重要的。无论是对她还是对我们本身，没有事情比这个事实还要有力、还要伟大。

因此，我们必须去除内在对母亲的形象与感受的评断。让我们放下优越感，开始随着给予的动力移动，就像我们还是小孩的时候一样。

我们要如何做到呢？我们慢慢变小，完全把注意力放在她身上，然后跪在地上慢慢爬向她，碰碰她的脚，等着她把我们举起来抱入怀中。我们融化在她的怀里，像抵达目的地一般，和母亲有着深深的爱的联结。接着我们拥抱她，与她一起，我们因此获得了生命。

现在，我们的母亲有什么特别之处？她曾经有过什么特别之举？全都在于她为生命付出。而由此看来，她有着完美的成功。我们就是她的成就。除了我们，她再没有其他更伟大的成就了。所以总的来说，成功是什么呢——我们的成功是什么呢？是为生命付出！这就是成功。

没有任何成功比得过为生命奉献的成功了。一旦我们与母亲产生联结，我们就会在对生命的付出中明白自己。这是让我们持续以爱而生的基本动力，是指引我们成功的基本动力，也是让我们成功并保有成功的基本动力。

而成功到底意味着什么呢？成功意味着更多的生命，对我们、对其他人都是如此，成功意味着拥有更多爱的生命。

静心冥想：如是地面对母亲

先让我们谈谈我们内在的成功吧。你可以闭上你的眼睛。

我们允许我们自己去感觉内在动力会带领我们去哪里，以及我们与母亲的联结有多深。我们与她之间的距离有多远？而这个联结的动力是在哪里被阻挠了？在这里我们稍做停留，思索一下这个把我们与她分开的阻碍，从另一个角度看看她。

问题是，我们真的看到母亲了吗？还是我们只是看到了我们附加在她身上的特定形象呢？令人奇怪的是，更常出现的是我们对她的批评，好像她是我们评论的对象，好像她得从我们这里取得作为我们母亲的权利。接着，只有当她符合了我们的标准，我们或许才会允许她慢慢变成或者成为我们的母亲。

如果我们审视内在，我们曾经这样感受过、这样想过或者这样对待过我们的母亲，那我们必须开始明白：与母亲的付出相比，这是多么愚笨且盲目的啊！

所以，接着我们得把这些画面与这些画面带给我们的感受抛在脑后。我们把母亲看进眼里，刹那间我们会明白她在为一个更伟大的力量服务，为生命服务，因为这就是她真正的样貌。我们跪在地上，非常谦逊地慢慢爬向她。我们碰触她的脚并且耐心等待，直到她扶起我们，把我们放在她心上。然后，我们对她说：是的，现在我把真正的你当成我的母亲，现在我会像你赋予我生命一样地把我的生命接过来，现在我准备好像你为我的生命付出一样地为生命服务，现在我准备好要成功了。

我们为谁服务？

我们闭上眼睛，看看我们的工作、我们的事业、我们的公司。我们会在心里想：我们能利用它们来满足我们的兴趣到什么程度？我们通过工作能给予他人什么，能期望从他人那里得到什么？这两者交换的范围是什么？

我们如果仔细地检视我们与母亲的关系以及我们对母亲所做的事情，会发现它们都会立即反映在我们成功的质地上。就好像，带着对母亲的盼望，我们怀着很多很多的爱走向她。

用爱提供服务

我想要谈谈爱与事业,当然还有幸福。现在,我们大多是为别人工作。在一生中的大多数时间里我们都在工作。而我们在为谁工作呢?我们为自己也为别人工作,为自己的生命也为别人的生命服务。

而哪一种态度能使我们好好地工作呢?我们看看别人,然后在心里默默告诉他们:我在这里为你服务,为了你的成功,为了你的生命,所以你的生命能够成功。

很抱歉,我总是回到核心议题。我们曾经在哪里感受过这种态度呢?在所有我们周遭的人中,我们是从谁那里学来的呢?而又是从哪里,我们甚至在工作中也在学习它呢?我不需要给你们答案——因为答案已经十分明显。我们是从母亲那里感受到的,而当我们成功地带着爱向母亲移动时,我们也就学会了。如果我们成功地带着爱向母亲移动,我们也同时准备好喜悦地、充满爱地向其他人移动了。这种自爱也爱别人的态度,会让我们愉快地为自己也为其他人工作。

而结果会是什么呢?别人也会爱我们。这份喜悦会持续,因为当他们看到我们如何为了他们生命的成功而工作,以及为了他们的家庭与孩子生命的成功而工作,他们会因我们感到很快乐,而他们会转而以爱回报我们。

这是工作给予我们最重要的回报,而这份回报会随着时间的推移而越来越多，且越来越丰富。因为我们带着喜悦与爱为他人服务，而这确实帮助了他们，他们也就会把我们的工作告诉其他人，而其他人也会愿意与我们合作。

这样一来，不管我们做的是什么，我们的事业都会继续推进，进而我们就会获得个人的成功。

相反，如果在工作与事业中我们期望别人为我们工作，如果我们都只先看到自己，要别人来为我们服务，那么他们会带着喜悦与爱为我们工作吗？他们会尽自己最大的努力来帮助我们吗？还是他们会带着迟疑或不情愿来帮助我们呢？如果我们转换了态度而用喜悦与爱去服务他人，那结果会是什么呢？我们会拥有十分富有的生活，当然还会拥有许多良善的关系与快乐。所以，让我们回去在具体的情境中看一看这伸手就可以碰触到的成功的方法。

主题 五

更多成功的故事

"成功"的法则工作坊案例选录

个案一：做决定

海灵格：你们之中有谁必须做有关职业的决定，而且也想和我们一起更清晰地了解这个决定的？

一位女士举手，海灵格请她坐到他旁边来。

海灵格（对群众）：首先，我想和她以及她的成功保持一致的感受。我为她的成功感到高兴，也祝福她能够继续保持。所以，现在我要把之前所说的呈现出来。我用爱向她与她的问题敞开我的心房。

海灵格（对女士）：你的问题是什么？

女士：我自己在经营一家公司，现在我计划搬去我将要拓展新事业的城市。我的公司里有四个员工。

海灵格（对女士）：首先，我们必须了解真正的问题是什么。一家公司的目的就是为某件事情付出，并为他人付出。现在第一个问题是，你的公司为人们付出到什么程度呢？为你工作的员工是男性还是女性呢？

女士：她们都是女性。

海灵格：是谁在带领这个团队呢？

女士：我。

海灵格（对群众）：那我们就来把她们排列出来，然后看看她们工作的情形。

海灵格选了四位女性代表员工团队，并让她们站成一排。接着，他选了五名代表当作顾客，他们站在员工团队对面约五米的地方。

顾客们随后便慢慢向不同的员工移动。其中只有一名员工想要与女负责人有所联系。但即便是这名员工，在不久后也远离了女负责人。没有一位客人愿意靠近女负责人和这名员工。

顾客当中有一名男子移动到了中间，所有人都看向他。然后他向女负责人的代表移动，并站到她身后。

海灵格（对女士）：从这里我们能观察到什么？员工之间并不相互需要，并且只有一位员工需要你。你想要帮助她，但结果是甚至连她也离你而去。而其他人都是可以独立工作的。有一位顾客支持着你，他接手了领导的位置。

海灵格（对群众）：我们已经看得差不多了。

海灵格（对女士）：所以，现在你有什么计划呢？你不需要去思考这个问题，因为我们已经看到了决定性的事件。在这里，没有拓展事业的能量。在这里，没有成功拓展事业的机会。如果你忽视这件事，你的事业可能会因此走到尽头。你必须把这个记在心里。我们要不要再仔细看看这件事情呢？问题在于，你能否拓展这个机构。

女士：我同时也在计划经营一家饭店。

海灵格：我们可以把这两个选项排列出来，让我们了解得更清楚。

海灵格选了三位女性代表，一位代表"机构"，一位代表"预计扩展的机构"，而另一位代表"饭店"。

"预计扩展的机构"与"饭店"并肩站着，中间距离三米。而"机构"站在"预计扩展的机构"对面，距离约四米。

"机构"变得无助，并且往右边移。"预计扩展的机构"也向右转，和"机构"面对面。"饭店"一个人自得其乐，不久她从"机构"身边离开，并向前看。

海灵格（对女士）：你的未来在哪里呢？你的未来是饭店。其他的事情你都可以忘记了。因为结果很明显！我们才排列了十分钟，而这个工作帮你省了几千元。

女士笑着说谢谢。

海灵格（对群众）：这个工作运用了海灵格科学——有关人际关系的应用科学。你们可以看到，一旦人们观察到这个简单的动力，就可以轻易地运用它，并且可以因此少花冤枉钱。同时，我们也能够观察到内心深处，我们其实知道什么是对的，否则我们就不可能通过排列把它呈现出来了。

个案二：职业

海灵格：家族里悬而未解的问题会反映在我们的事业与工作上。因此，当我们在为事业或工作做排列时，我们通常能够比直接为家庭做排列工作更快地发现家族内的问题。有没有人想要为他的工作做排列呢？

一位女士举手，并在海灵格旁边坐下。

海灵格（对女士）：你的职业是什么？

女士：我是一位心理治疗师。

海灵格：那么，我们就来为你的"工作"找一位代表吧。我要找一位女性还是男性呢？我会选男性。

海灵格选了一名男性，并让他站在女士对面约六米远的地方。

"工作"向后退了几步，侧移了几步，接着又向后退了几步，然后再次面对女士。和"工作"一样，这位女士也向后退了几步。

过了一会儿，这位代表朝女士的方向走了几步，但女士却退开了。女士在发抖。

海灵格选了另一名女性，并让她站在女士对面约四米远的地方。"工作"还是站得远远的。

女士退离这位女性代表，就像早些时候她从"工作"面前退开一样。"工作"慢慢朝女性代表的方向移动，最后站在她旁边。女士自己则退得更远了，看着地面。

海灵格选了第三位女性，并让她在女士前面躺下。她代表着一名死者。女士非常感动。她朝"死者"靠近了一些，肚子朝下地趴着，手伸向"死者"。

现在，"工作"慢慢靠近另一位女性代表，好像他们是一对情侣。他让这位女性代表离开，跪在"死者"旁边。他带着爱看着她，扶着她的手，把她拉近，像一个父亲对着他的小孩那样。

这位女性代表把她的手放在他的手心上并哭泣。她和"工作"彼此认真地看着对方。女士则坐在地上，回避这位女性代表，跪在她旁边大声啜泣。然后，女性代表把女士拉过来，头撞在一起，接着像一个母亲一样把她抱入怀中。

海灵格又选了三位代表，两位女性和一位男性。他让他们站在离原先这群人远一点的地方。他们代表客户。

女士依旧啜泣着。现在她和女性代表站起身，面向这三个人。

女士向这三位"客户"走了几步，但他们远离她。接着女士避开所有人，并且看向外面。

海灵格（对群众）：在助人的工作中，我们常常可以发现这些病患其实都代表着他们自己家族里的成员，特别是那些被排除在外的家族成员。

海灵格（对女士）：很显然，在你的家族中有一名被排除在外的成员。我不想在这个处理工作的场合提起这件事。而且很显然，你知道这个成员是谁。我能给你的建议是走出这个阴影，举例来说，用更实际的方式来服务你的客户，而非直接用心理治疗的理论来帮助他们。否则，他们都会被你自身的情况以及你家族里尚未解决的问题所困。

个案三：谁帮助谁？

海灵格（对一名想在巴勒斯坦为巴勒斯坦人设立课程的男士）：帮你的计划找一位代表吧。

他选了一名男性，并为他安排好位置。结果这名代表随即就低下头看地板，很显然这项计划也代表着这位男士。

海灵格：现在，请选出七名代表来代表你想在这个工作计划中帮助的人。

他选了七名代表并让他们站成一排，距离"计划"有五米远。"计划"接着转身背对他们，并持续地看着地板。其中有两名代表从他背后向他移动。"计划"蹲下，把脸埋在膝盖间，眼睛还是看着地板。两名代表弯下腰把他拉起来。

海灵格（对男士）：在这里，谁在帮助谁呢？当然是那些参加者在帮助你。

男士：我想要继续开设课程。

海灵格：如果你想要再多失败几次，那就去吧。我们在这个有关你工作计划的排列里看到什么呢？你想要死。当你想要结束自己生命的时候，你有办法帮助别人吗？你是没有办法成功的，我们在这里已经看出来了。

海灵格（对代表们）：我们到这里结束。

海灵格（对群众）：我们可以看到在这个案例中，我们可以多快地做出正确的决定。

静心冥想：迈向成功的向度

　　我们有时会碰到伙伴出差错的情况，我们会为错误找理由，将其归咎于某人或某些原因，并加以谴责。

　　伴随这个想法的，其实是我们相信事情的结果可以有所不同，好像事情掌握在我们手中，可以有所变动一般。我们认为，要是当初我们注意到某个关键事件，事情就会有不同的结果。在这个观点背后，我们把好坏、对错给划分出来了。有时候，我们在排列中也会如此划分事物。我也是这么做的。因此，我们就是在意识层面上工作，这时好坏、对错的差别就相对重要了。在意识层面上，这个好坏、对错的差异，是我们判断其他人或者我们自己应该感到罪恶或者清白的依据。也是通过这些划分标准的帮助，我们在排列中得到下一步应该怎么做的重要提示。

问题是,我们的内在如何响应?当我们停留在意识层面时,面对那些我们以为的过失,我们以谴责自己或他人来响应。

但当我们超越了意识的层面,提升到一个不同的层次,提升到心灵的层次时,事情便会有所不同。在这里我们必须承认,一切事物的发生,不管它是什么,都是被其他动力驱使的。一切事物在某种程度上,都是通过这些动力而移动的,以顺应一个更高远、更全面性的目的。

无论发生了什么事,即便在我们看来它是一件坏事,或许它给我们或他人带来一些伤害,但那都是在一个更深远的动力中到达另一个更好的结果的过程。而我们要如何处理那些因罪疚感而对自己或他人所做出的谴责呢?现在,我们或许可以闭上眼睛,允许自己与这个更大的力量一起移动。

我们把自己的恐惧、挫败感、罪恶感归类为人的感觉并把它们转交给这股力量,接着随遇而安,好像所有一切都由这股力量安排一般。并且我们相信,到最后当我们臣服于这股力量时,事情会有更好的安排,并且最终将以一个更圆满的方式完成。

外在威胁

在希腊,有不少人担心国内会有暴动。关于这个问题,我们要做的是关注心灵,使其安定。并且,对于那些给他人带来太多伤害的人，我们要如何让内在的灵魂保持自由而不受指控与攻击的影响呢？这里有一个非常深的内在动力。它可以运用在不同的情境中，譬如在工作中，当我们必须与他人竞争、受到他人伤害或伤害他人的时候。

我们闭上眼睛，用心看着那些让我们感到害怕的人。我们感觉一下这些人有没有可能也害怕我们，也害怕我们会报复、压制他们，正如他们过去曾经以相同的方式对待我们一样。我们允许自己看见自身的仇恨，以及对这些人的想法。我们把他们看进眼里，并且对他们说："我也一样。"在心灵深处，我们是相同的。而当我们承认时，我们就能在心灵层面感受到深远的影响。

做好准备

闭上眼睛，让我们在心里呈现一步步走向成功的影像。我们正朝着一个能够到达的目标前进。而当我们前进时，我们或许会感觉到身后阻碍我们向前走的拉力。

同时我们或许也会感觉到，在我们向前的移动中，有些人在等着我们顺势把他们带向成功。他们来自我们的家庭，或许是那些被排除或者不被承认的兄弟姐妹。

那么，我们就转向他们，对他们说："我看见你了。你的生命会在我的所作所为中延续，会在我的成就中延续。请跟我来，并且帮助我。"

接着，我们转而面对未来，继续前进。迈开下一步，也感觉其他人的脚步，感觉他们的支持和对我们的信心。然后，我们深深吸一口气，说："现在我准备好了。"

而关于成功，它还意味着更多……

个案四：获得的代价

海灵格（对男士）：你的议题是什么？

男士：我为一家公司工作了十五年，后来它被收购了，所以我离开了那家公司。我和这次的收购没有关系，但我离开之后便开始自己创业。在创业时，我有一个想法是，当时在收购的过程中，也有我的一部分功劳在里面。我告诉自己不要再想了，后来我自己的事业也慢慢成功了。但即便是现在，我在梦里还是在等待着那笔钱和那份适当的答谢。

海灵格：我看见问题所在了。我会和你一起做这个排列。现在，闭上你的眼睛。请你看着你从在这家公司的工作中所获得的，看着你从这家公司所得到的经验，这些经验如何帮助你现在自立门户,以及对其他方面的帮助。现在去想想,想象在你的一只手中有现在公司的所得,而在另一只手中,是你期望过去那家公司要给你的。像天秤一样去衡量,哪一边重?现在,想象你已经收到那笔你一直在等待的钱,而且扎实地握在手里。这样一来,你现有的获利会发生什么事呢?

男士:它变少了。

过了一会儿。

海灵格:当你考虑到这些,这些钱还这么重要吗?它还算是一种获得吗?

男士:这笔钱会把我往下拉。

海灵格:好的,这是一个内在的练习。你不需要担心这笔钱,还有其他东西要考虑进去。当他们给你这笔钱,你就会感觉自己脱离他们了。而当你拿走的是其他你获得的东西,你就还是跟他们联系在一起。再次闭上你的眼睛,把自己赚取的所得拿在手上,并且对于那些你期望从他们那里拿回报酬的人们说:"我赚取自己的钱。"在他们身上会发生什么事情呢?这些钱对他们有什么影响呢?对他们来说这笔钱会是一种获利吗?或者转而成为一种损失?这笔钱要在完成其他目标时使用。你自己赚取的这笔钱才是最好的。

继承

海灵格(对群众):有些人期望能够继承家业。直到他们真的继承了，他们是变得更坚强呢，还是慢慢地变弱了呢？如果我们带着别人的期望继承家业，那一切便有所不同。举例来说，如果父母亲把事业交给孩子，并期望他能够继续经营。那么，你便带着父母给你的祝福接手了这份事业，这使你能有所付出。所以这是一个延续，继承将孩子纳入服务之中。但若是你期望继承家业能带给你安逸的生活，那就不一样了。你自己的生活中会发生什么事呢？那你自己的成功呢？还有你的快乐呢？

金钱与服务

有些人看不起金钱，特别是那些身无分文的人。为什么他们没有钱呢？因为他们把它排除在外。难怪没有钱到他们身边去，或想跟着他们。钱是一种精神物质，钱是生命。在我们所处的社会，没有钱是没有办法生存的。钱使我们得以维生。

我们如何赚取金钱？我们因为达成某些事物而有所获得。金钱是一种反馈，为我们提供维生之道。这样的钱是在为生命服务。当人们为我们辛苦工作，而我们因为他们的努力获利时，我们相对地必须给予报酬。只有当我们给予他们合理的报酬时，我们才有资格保留他们为我们付出的成果。

如果人们想要的报偿比他所付出的要多，那会发生什么事呢？他们能保有他们的工作还是失去它呢？他们要求比他们的贡献还要多的报酬，他们在这样不平等的交换中得到的是什么呢？

相反，当人们说："给我很少的薪水就好，我不需要这么多。"他们的贡献会有什么问题？他们的贡献会被承认吗？他们会认同自己的贡献吗？别人会怎么想呢？是否会因为他们贬低了自己的贡献和价值，而使别人的需求渐渐减少了呢？

施与受的合理交换是非常关键的问题。我们为别人给我们的付出而给予他们合理的薪水，这使得他们在未来还能为我们继续提供服务。

施与受的平衡能带来并维系一段关系。一旦失去了这个合理的平衡，有些东西就会遗失。

个案五：夫妻共同经营

海灵格：你的问题是什么？

女士：我和先生有两家餐厅。他经营其中一家，我经营另一家。但两家餐厅隶属同一个公司。

海灵格：是由谁开始的？

女士：我们两个人一起。

海灵格：资金的来源是哪里？

女士：我娘家帮助我们申请贷款。

海灵格：那现在你们遇到的困难是什么呢？

女士：我先生想要做其他生意。他希望我把我的餐厅卖掉或者把它分给员工。

海灵格：所以他想要从你们两个人之中独立出来。我们来做个排列。

海灵格选了一位男性代表"先生的餐厅"，并选出一位女性代表"太太的餐厅"。他们并排站着，彼此距离大约四米远，看向同一方向。在他们对面约五米远的地方，海灵格让女士的代表与先生的代表站在那里，他们两个紧紧靠在一起。

"先生的餐厅"往后退，女士和先生的代表走向"太太的餐厅"。女士站在她"餐厅"的右边，并把她的手牵起来。先生则在两米远的地方停了下来。女士把手伸向先生，但先生没有把它牵起来。他想要站在"餐厅"的另一边，但"餐厅"把背转向他。"餐厅"和女士都往后退，并面对先生站在两米远的地方，接着转离先生，又退了几步。先生向前弯腰，握住膝盖。同时他的"餐厅"也退离他，并看着地面。

海灵格选了一位女士，并让他站在距离先生五米远的地方，面向他。

海灵格（对这位代表）：你代表新公司。

先生站直起来，并走向"新公司"。他牵起太太的手，希望能拉着她走向新公司，但她抓着她的"餐厅"不放。

过了一会儿，先生走向太太，并把她抱住。她也回抱他，但她的注意力还是在她的"餐厅"上，而且紧握着她不放。

"新公司"走近"太太的餐厅"，想要把手放在"太太的餐厅"

的背上，但是"餐厅"把它甩掉了。先生再一次想要带着太太走向新公司。但她摆脱了他，然后走向她自己的"餐厅"。太太和"餐厅"紧紧相拥。

海灵格（对太太）：我们在这里看到了什么？你先生想要掌控你的餐厅。但你的餐厅不想要他。这个餐厅是你的，不是他的。一个丈夫永远不能够负责属于他太太的事业。如果他还是这么做了，那会毁了它。他有他自己的餐厅是一个很好的解决办法，但它太小了，对他来说并不够。他还需要更多，而他能借由创立新事业来满足这个需求。这么一来他便独立了，而你也是一样。他希望你能够跟他一起经营新事业。这个主意并不好，因为你已经有属于你自己的事业了。你们必须各自经营你们所拥有的事业。当他开始了自己的新事业，你的爱就有一个新的出口了。我们可以在这个排列中看到，拥有各自的事业是好的，这应该就是解答了。

海灵格（对代表们）：谢谢你们。

阶层的序位：经营同一事业的夫妻

海灵格（对群众）：我观察到若一个妻子继承一个事业，而她的丈夫在其中工作甚至接管事业时，丈夫会毁了这个事业。我不知道为什么，这仅仅是个观察。

所以，当一位女性继承了家业或者开始了自己的事业时，她必须自己主导。她的丈夫必须找其他的事情做，可能是自己的工作或事业。但如果情况相反的话是没有问题的。一位女性可以随时在丈夫的事业里工作。

我们最大的成功

我们最大的成功是"成功的爱"。而身为成年人,我们最大的成功是一段成功的伴侣关系。而这段伴侣关系要想成功,我们必须先取得与父母的关系的成功。

在我们成功前,最大的阻碍是我们在心里为父母所塑造的图像。这些图像都朝向同一个目的,那就是要离开父母。

感受一下内在,那些形象之后的结果会是什么。想要摆脱我们心目中的父母,这难道不会是个巨大的损失吗?再没有其他的损失比失去父母这种损失还要严重了。在某个层面上,内在图像可以有不错的效果,借着这些图像的帮助我们真的成功地离开了父母,至少在意识上是如此。

但结果是什么呢?我们不再觉得需要对他们尽义务。靠着这些内在图像以及一部分与父母的联结,我们从他们那里得到一些独立和自由,开始自力更生。

作为成人,我们遇见一位伴侣并且希望我们之间的爱能够成功。有什么是必然会发生的呢?与之前我们在内在建立父母的图像一样,我们的内在也将建立起一个伴侣图像。我们最终想要通过这个图像达成什么目标呢?我们到头来也想要摆脱我们的伴侣。

那所有环节之中,我们的成功会从哪里开始呢?成功的爱会从哪里开始呢?当我们承认我们有多依赖自己的父母以及之后的伴侣时,我们的爱就确实成功了。

那么接下来会发生什么事呢?我们接受他们所给予我们的,接着我们放弃自由。我们确实需要彼此,我们在很多方面也依赖着他们。而接受他们付出的同时,我们对他们也心存感激。

这种感激在心头的感觉能有什么作用呢?它让我们能够以美好的东西回报他们,如同我们接受他们的付出一般。

对于我们的父母亲,这种回报只能发挥一定程度的作用。我们亏欠他们的太多了。我们与其他人分享从父母那里得到的,以平衡与父母之间的给予和接受。我们把它传递出去。

而我们把这份礼物传递给谁呢?首先,我们把它传递给我们的伴侣,如此一来我们对伴侣的爱就成了一个极大的成功。接着,我们建立起自己的事业。我们如何对待自己的事业呢?我们将从父母那里得到的传递出去。很快我们的事业也成功了,并且我们向我们的自由告别。

而取代自由的又是什么呢?是感激。我们带着感激接受生命所给予我们的一切。这份感激是成功的关键,是任何成功的关键。

我以上面这些话作为这次课程的结尾,同时新的事物也将开始。如何开始呢?成功地开始。

危机的内幕

海灵格：我想要来说说关于危机的事情。危机什么时候到来呢？当我们承担太多，超过我们的极限与能力的时候，我们在工作领域中的自己、私人生活中的自己或者与人关系中的自己就会遇上危机。危机突然间崩溃到来，而我们也被危机击倒了。

每当事情变得艰难，我们就必须重新思考。对于未来我们必须有新的规划，同时也要把仅存的力气整理起来，好战胜危机。

由于我们不明白关系中、生意往来上或者工作领域中的秩序，所以并未多加留心，以至于它们渐渐演变成危机。如果我们早些知道这些秩序并充分掌握它们，那我们就能免除危机了。然而，危机也是转机，因为我们能从中有所觉悟，有新的体会，并且有机会追求这些新的事物。

对其中的秩序的洞见是由海灵格科学所创建的。它是一门科学，因为这些秩序是不可动摇的法则。只有当我们明白，带着科学式的精准，同时知道如何运用时，我们最终方能在工作、事业上成功。

现阶段它或许听起来太具理论性，但你现在可以感受一下，在不同情境中，这些秩序如何与你的生活相关。

基本上，这门课程是关于人际关系的。它与企业、商场或工作没有直接关系。我们需要拥有工作范围以外的知识，而这个特定的知识与关系中的秩序有关。这就是我们想要传达的。

施与受的序位

第一种重要的序位，就是施与受的序位。给予与接受是生命的基本需求。

当施与受达到平衡，接受者同时给予，而给予者同时接受时，一段关系就能够成功。因此在一家企业中，利益分享就变得十分重要，也就是，论功行赏。若是利益跑至他处，那就会对企业中的关系有所损害。工作上、事业上或者组织内部的所得是依照生产力分配的，而这个生产力依照我们为别人达成的目标而定。我们的工作及背后的组织是在为顾客提供服务，而最后他们是在为生命服务。

当我们的内在意识到"我以所做之事来服务于生命，即我自己的以及他人的生命"这句话的意义时，我们会马上注意到什么样的差异？当我看到我所做的工作、我所处的位置以及我对其他生命的服务时，我会感到快乐。我感到快乐，并且活得更充实，也因为我对其他生命有所付出和支持，慢慢地我也更有精神并且更加满足了。当我心不甘情不愿地做一份工作时，我的工作还剩下什么？或许回家时我的存折上多了几笔存款，就这样而已。那仅仅是劳动的报酬，所以这是第一种序位：施与受的平衡。

整体

接着，我们要讲第二种序位：当所有属于一个群体的人都被允许列入其中并获得认同时，一个整体才会存在并延续。在家族中，这一点十分明显：只要有人被排除在外，整个家族就会有一种不完整的感觉，这种情况会让家族陷入混乱并失去能量。

在企业运作的细节方面我不是专家，但是我可以想象许多事情。举例来说，如果一家企业窃取专利，那个让公司赚钱的人被排除在外，在这家公司会发生什么事呢？或者某人想到一个点子，其他人把它拿来使用，但把想到点子的这个人排除在外。这家企业会有多少能量呢？这很明显地违背了施与受的序位。这是一个敏感的话题，我必须很谨慎以防干涉得太多。

这些都是有可能发生的。比如，一家公司不正当地解雇某人，我在排列里看过接下来会发生什么事。其他的员工马上会感到虚弱，他们没有办法再为工作发挥全力。在这样的情况下，必须把被排除的人带回来，即使不是以再次雇用的方式，但通常这是不可行也无济于事的。解决办法是，通过承认这个被排除的人是被不正当地解雇的，他或她便会逐渐复原并变得友善，接着公司里的同仁就能马上感受到转变。

某人被排除在外，还莫名其妙地被称作"累赘"。这不是很可怕吗？仅仅是字面上的贬义与轻视，就会对身处于此情境的人立即造成影响。在这里也一样需要平衡。一个企业当然无法比拟一个家族，无论如何，在家族中所有的人都有权利隶属其中。但就一个企业来说，只有为企业带来适当效益的人才能属于这个企业，这是很清楚的。当我们在为特定的公司或职业做排列时，我们就能看到这个平衡是如何在个别的情况中造成影响的。

阶层序位

第三个至为重要的基本序位，是很少或甚至不曾在许多公司里被提及的。在这些公司里，有很多因为不知道这个序位而导致公司破产的例子。这个秩序也就是：阶层序位。

阶层序位，在这里也就是指先来后到的次序。先来者永远在晚来者之上。几乎所有在公司里发生的纠纷，都归因于低阶的公司成员、部门或者产品想要取代已占有一席之地的高阶者。

目前为止我只是给你们一个概观。在这次的课程中，我们会一起学习如何根据每个人的特殊贡献从容面对危机。而我讲的大多是工作上、职业上或公司内部的危机。如果你们愿意，也可以将这个面对危机的方法运用在个人生活中。

以上是我的导言，一个概论式的讲解，所以现在你们就能对接下来的课程有个大概的了解了。

行进的模式

上课的方式永远是相同的。即便课程中有很多参与者，我太太和我也永远会与所有的参加者一起进行课程。所以，当我在为个人以及他们的问题做排列工作时，其余的参加者在某种程度上也能从中有所收获。因此，我为某些特定状况而选择谁是没有什么关系的，我不会从所有想来排列的参加者中选择，而是问有哪位参加者有着与公司相关的议题——因为我想要从这部分开始。所以，现在有议题并想要得到解决的人请举手，我会依照内在动力的指引去选择。这不是基于爱或熟悉感而做出的选择，而仅仅是与另一个动力的联系。每个人都能从中以一种特别的方式得到收获。

祝福

企业需要祝福以得到成功。一方面祝福意味着放手,友善地放手;另一方面祝福能使被祝福的对象自由地回归它原来的道路与命运。

以这样的方式祝福,我们自己也能从中得到自由。德国人想表达一个人离开人世时,他们会说他已经祝福了世间的一切。这意味着将亡之人放下世间的生活,并从自身的祝福中得到解脱,而这份祝福会在他身后延续。

祝福同时意味着我希望对方好。我对对方表示善意,同时让他平静地离去。一段时间过后会发生什么事呢?我所祝福的事物,会用不同的方式回到我身边,会更为丰饶、完满而令人快乐,同时我也得到祝福。这是生命的基本动力。

　　当一位母亲祝福她的小孩，她的小孩会因为得到祝福而自由。在我们的工作与事业上，这个概念也是共通的。而对于那些不被祝福或不想要得到祝福的人，这会在他们身上产生什么影响呢？

　　在排列工作中，最重要的洞察之一就是所有的祝福都源自母亲。当人们请求得到工作上的指导时，他们寻求的是什么呢？如果他与母亲的关系良好，不管他做什么工作，他都会成功的。反之，则什么都是白想了。

　　当人们招募组员、职员或生意伙伴时，他们应该首先考虑应征者与他们的母亲相处的情况。与母亲相处良好的应征者，也会成为公司努力工作的员工，因为在工作中的行为举止与我们对母亲的行为举止是相同的——带着感恩的心，能够也愿意接受并且随即付出。

　　当我们明白了这个法则，我们也就能在许多方面获得成功了。

个案六：接手

海灵格（对男士）：你的公司属于什么行业？

男士：我有两个公司。我自己有个经营得很成功的小生意，另一个则是从父亲那里接手过来的较大的家族事业。我的问题是：我该不该将两者合并？

海灵格（对群众）：他提到两个事业，现在我们就来看看它们的阶层序位，看是哪一个为先。

海灵格（对男士）：你想要先看哪一个？

男士：我想先看家族事业。

海灵格：好的。当我们把某个事物排入序位以后，它对另一个事物也会有所帮助。

男士：这个我原本应该要接手的事业现在正面临一些困难。我十五年前就从公司独立出来了。

海灵格：让我们来看看这个面临难关的公司。

海灵格选了一位男性代表男士的父亲，一位女性代表父亲的公司。他们彼此距离约四米远，面对面站着，没有动作。

海灵格（对男士）：这家公司的资金从哪里来？

男士：从我父亲那里来，是我父母存的钱。我母亲过去做兼职，他们很努力地赚钱。

海灵格：那么我要再加上一位母亲的代表。

他选了一位女性代表母亲，并请她凭自己的感觉站在适当的位置。她站到丈夫的左边，离他大约两米的距离。

海灵格（对男士）：奇怪了，当我们看到这个排列时，其中谁会是最重要的人呢？"父亲"并没有屈就看向"母亲"，反而是"公司"想要走向她。你有多少位兄弟姐妹？

男士：没有。

海灵格：请你也在排列里找到自己的位置，顺着你的感觉走就好。

男士站在"母亲"的左边，他们一起看向"公司"。他们相视而笑。海灵格将"父亲"摆在"公司"身后。

海灵格（对"公司"）：你现在觉得如何？

"公司"：我全身都在哆嗦。我很好。

母亲和儿子依旧相视而笑。

过了一会儿,海灵格将儿子放在"公司"对面,并让"母亲"站到他旁边。

海灵格(对男士):你觉得如何?

男士:还好。

海灵格:那"公司"呢?

"公司":不错。母亲让我有点困扰,不过看着儿子时我就觉得还好。

海灵格也把"母亲"排在"公司"后面,"父亲"的右边。现在,儿子是唯一面向"公司"的人。

海灵格(对母亲):何不友善地看先生一眼呢?——只是提醒一下。

夫妻两人相视一笑。

"公司":我现在感觉很好。

海灵格(对父亲):那你呢?

父亲:还可以。

海灵格:这就是了。

海灵格(对代表们):谢谢你们。

海灵格(对群众):在事业及工作的成功法则的课堂上,我观察到女性的重要性常常不被承认。这对企业来说是很具破坏性的。在这个个案中,我们很明显地看到母亲的重要性并没有被承认。

海灵格（对男士）：你的父亲在遇见你的母亲之前，或许对他自己的母亲也是一样的。成功与否和能不能尊重母亲以及有没有得到母亲的祝福有很大的关系。当你把它谨记在心，事情就会渐入佳境。

个案七：哪一种付出？

海灵格（对一位被选上台的年轻女士）：好年轻的企业家！你的问题是什么？

女士：我在一家大公司里做项目，而现在我的工作出了一些问题。我想知道，这些问题是否已经被控制住了，以及有没有办法得到解决。

海灵格：你在公司扮演什么角色？

女士：我负责发展项目，就像一个传播者一样。我的工作内容是将项目在公司内部进行沟通，并使之接触到公司外部的目标族群。

海灵格：所以，你的确切问题和议题是什么？

女士：公司内想要做的，是通过各公司经理阶层间的沟通，来支持项目发展并且执行。这个项目涉及五家不同的公司，并主要由我的公司来管理。他们之中有些成员十分热衷于这个项目，也觉得它很棒，但另外的成员却慢慢退出了。那些人起初还挺投入，但后来却见不到人了。

海灵格：让我再来了解一下详细情况。总共有五家公司参与是吗？

女士：另外还有一家独立出来的公司作为领导。他们想要分到利益，但突然间却退出了，并且说"我们就此打住吧"。

海灵格：第一家公司是所谓的创办者，然后其他五家公司加入了，是这样吗？

女士：有两家公司算是创办者，接着其他公司陆续加入，因为初始的想法是由更高层发起的。

海灵格：再问一次，整个项目是由谁发起的？

女士：两家公司。

海灵格：两家同时发起的吗？

女士：这个项目的规模其实涵盖了整个德国。它不只是商业活动，它的影响力还会触及年轻族群。

海灵格（对群众）：你们现在还能明白是怎么一回事吗？一点头绪都没有。我们要不要来看看在排列中会呈现出什么样的动力呢？你们准备好了吗？

海灵格（对女士）：没有人知道接下来会发生什么事，或许还会有些意想不到。现在，请选出五位代表来代表公司，并让他们站在能彼此传达信息的位置。

女士选出五名代表，并将他们围成一个圈，彼此隔了一段不小的距离。

海灵格：这五家公司的任务是什么？

女士：主要是支持整个项目，并在后期作为国内的监管单位。

海灵格：它们要支持什么？

女士：首先是这个项目。这个项目之后会独立出来，来支持年轻族群。

海灵格：所以，目标是推动年轻族群？

女士：是的。

海灵格：好，现在再选五名代表，并将他们放在合适的位置。

女士选了五名代表并让他们站成一排，离之前排好的圆圈有五米远。

海灵格（对代表们）：把自己整理一下，然后随着内心的想法移动。然后，我们再来看看排列会呈现出什么事情。

"公司"们转身背向"年轻族群"，往相反的方向看去。而"年轻族群"也背向他们。

海灵格（对女士）：这个项目是一个没有实质内容的空想。这样你清楚了吗？

女士：清楚了。

海灵格：再去找其他的工作吧。

群众中有笑声。

海灵格（对代表们）：谢谢你们。

海灵格（对群众）：这个排列只花了十分钟，如果公司可以这样端详这个项目以及更深层的动力，那他们可以省去多少不必要的力气呢？

白日梦

海灵格：一家机构、企业或者公司的能量从何而来？在这样的排列中一下就能看出市场是否有相对应的需求。如果答案是肯定的，该公司能充分发挥其功能，那这家公司将会蒸蒸日上。我们在这个排列中看到的，那些想服务于年轻族群的想法，其背后的影响力是什么？他们能够自力更生吗？这样的想法没有实质的内容，只是空气泡泡。服务的内涵是什么？那就是立即且直接地帮助对方。

个案八：是的

　　海灵格：我想为现在处于纠结状况的事情做排列工作，比如那些必须面临抉择的状况。我们可以看到，一旦我们信任排列中的动力并给予它空间，我们可以多么轻易地做出决定。有人想要为相关的议题做排列工作吗？

　　一位男士举手，并坐到海灵格旁边。

　　海灵格（对男士）：你的议题是什么？

　　男士：我在丹麦经营一家公司。现在，我必须决定是将它结束、保留，还是运用这家公司的资源开始另一个生意。

　　海灵格：所以如果我理解得没错的话，这是有关是或否的问题——是保留它还是转而开始其他的生意。是吗？

男士：是的。

海灵格：好的，现在请为"是"与"否"各选择一名代表。

男士为"是"选了一名男性，为"否"选了一名女性。他们隔着一大段距离，面对面站着。

海灵格为男士选了一名代表，并让其面对"是"与"否"，并和他们隔着一大段距离站着，所以三人形成一个三角形。"是"与"否"往后退了几小步。男士的代表犹豫地往前走了两步。"是"与"否"也照着退后了两步。

过了一会儿，海灵格让男士的代表转身，代表现在是背对着"是"与"否"。男士的代表开始发抖，好像要把什么的东西甩开一样。同时，"是"与"否"并未走远，不过也转身背对男士的代表。

海灵格（对男士的代表）：你感觉如何？

男士的代表：我不太确定。

过了一会儿。

男士的代表：我现在感觉好多了。

海灵格（对男士）：你对现在看到的情况有什么看法？

男士：这是另一个问题了。

海灵格：你在这里做的决定不能算数，你知道为什么吗？

男士：不知道。

海灵格：因为你想死。

男士感到有些震惊。

海灵格：这里的决定不是关于是或否的问题的。

海灵格（对男士的代表）：请再转过身来。

海灵格选了一位男性作为男士儿子的代表。在这个课程之前的专训课程中，海灵格得到一些有关男士儿子的信息，而这名代表对此一无所知。海灵格让男士以自己的身份加入排列之中。男士的儿子站在父亲对面两米远的地方。"是"与"否"转身看向男士。

海灵格：好奇怪，他们转过来了。

男士往"儿子"的方向靠近，并把手放在"儿子"的肩膀上。他们深深地看着对方，并且拥抱对方。

"是"走向男士，并牵起他的手。男士与"儿子"依旧拥抱在一起，却从"是"身边转开。"否"则站在"是"后面两米远的地方。"是"又退缩了，现在正站在"否"的旁边，他们两个一起退得更远了。

海灵格选了一名女性作为"公司"的代表，并让她站在"是"与"否"前面大约一米远的地方。

男士与"儿子"现在依旧抱在一起，深深地看着对方。过了一会儿，他们松开对方，男士依旧把手搭在"儿子"的肩膀上。"公司"蹲下，然后坐下来，她看着男士与"儿子"。

海灵格让男士和"儿子"并肩站着。"公司"现在躺在地上，而"是"又再次靠近。"儿子"现在走向"是"并把手伸向他。但

"是"不想把手伸过去,他们两人深深地看着对方。

海灵格让"公司"站起来,并要她看着"儿子"与"是"。

男士用了很大力气把儿子从"是"身边拉开,接着再次把手搭在"是"与儿子的肩膀上。

海灵格(对群众):现在有点混乱。我来给新来的学员透露一点有关这位男士儿子的信息。这个小孩子患有半身麻痹。

"是"往后退,并坐在地上。

海灵格(对男士):对你的儿子说:"我很生你的气"。

男士深深地吸了几口气。

男士:我很生你的气。

海灵格:你把我的生活夺走了。

男士:你把我的生活夺走了。

男士把他的手从"儿子"肩膀上拿开,摇摇头。他抱头往后退了几步,并无助地四处张望。

"是"站起身来,把"儿子"的手牵起来。男士再次摇头,并深深地吸气。

海灵格(对男士):现在,对你的儿子说"我会留下来"。

男士(用强有力的声音):我会留下来。

海灵格:一定。

男士:一定。

他开始哭泣。

海灵格：保持你的力气。

他深深吸气并平静下来。"是"放开"儿子"并退后几步。父亲张开双臂，迎接他的"儿子"。

海灵格（对男士）：告诉他"我会带着爱留下来"。

男士：我会带着爱留下来。

"是"坐到地上。

海灵格（对男士）：告诉你儿子，"你就是我的事业"。

男士：你就是我的事业。

过了一会儿，海灵格也把"母亲"放进排列场中。她站得离他们有点远，"儿子"随即转向她并走向她，他们互相拥抱。"儿子"哭了。

男士站在他们前面并慢慢走向他们。"母亲"与"儿子"松开拥抱，但手还是牵着。"母亲"抚摸着"儿子"的脸。"是"站在他们身后，好像想要加入他们的样子。再一次，父亲从中介入，并把"是"推开。他站在妻子与"儿子"身后，并把手放在他们肩膀上。

海灵格（对"是"）：你觉得如何？

"是"：我尽力了，但这无济于事。

"母亲"后退并发抖。父亲与"儿子"面对面。

海灵格（对男士）：现在大声尖叫说"不"。

男士转向他的妻子，并竭力声大吼"不！"

"是"又站回"儿子"身后，搭着他的肩膀。

男士抱头，随后紧紧地双手交叉抱在胸前，并躺在地上，深深地呼吸。"母亲"则被吓到了，退得远远的。男士想要站起来，却没有成功，所以又躺回去了。

"是"与"儿子"肩并肩站着，手挽着手，他们也往后退。过了一会，他们从男士身边离开，走向"母亲"。最后，"母亲""是""儿子"与"公司"手牵着手围成一个圈，"否"往后退。男士站起来，四位把围成的圈打开，接纳男士。男士深深地向他们鞠躬，并慢慢走向他们。妻子上前欢迎他，并牵起他的手。"是"把男士与"妻子"带近"儿子"，直到与儿子站在一起。接着，"是"后退。

男士与"妻子"相视，眼神里充满着爱，并把"儿子"拉向他们。"公司"张开双臂。男士与"妻子"额头碰额头。

海灵格：决定已经被做出来了。

海灵格（对代表们）：谢谢你们。

海灵格（对男士）：我为你尽了最大的心力了。我把你和你的孩子放在了心里。现在好事会到来，祝福你们。

海灵格（对群众）：你们之中有些人曾听说过，有些事情会在家族排列中被完成，但在这里我们没有看到任何事情被完成。但是，在另一个层面有些事情却发生了。现在，每个人都在自己的位置上了，没有问题了，一切都很清楚了。

个案九：排除在外

  海灵格：我建议我们来做个有关企业内部结构的排列工作，仔细看看公司系统或组织内部的阶层秩序。有谁想要和我一起来看看这类问题？

  一位女士举手，并站到海灵格旁边。

  海灵格：你经营的是什么样的公司？

  女士：我们有一家汽车经销公司，做汽车买卖。这个公司是我父亲创办的，是他和我母亲一起经营的。2003年，他把公司的经营权移交给哥哥和我。哥哥是第一顺位的经营者，我是第二顺位的。

  海灵格：我已经听到所有我需要知道的了。首先，我们要为公司找一个代表。你们有多少员工？

女士：三十五位。

海灵格选了一位女士代表"公司"。他让这位女性当事人站在哥哥的代表的身旁，"公司"则被安排在离他们的对面六米远的位置。哥哥的代表站在女士右边。他们用柔和的眼神看着对方。过了一会儿，哥哥向右侧踏了一步。

又过了一会儿，海灵格为女士的父亲与母亲各选了一名代表，并让他们站在"公司"与他们的"孩子"中间的空地上，与两边的代表都隔了一段距离。

"母亲"与女儿走向彼此，接着肩并肩站着，她们看着站在原地的"哥哥"。"公司"走向"父亲"，并站在他旁边。

海灵格（对群众）：你看这里的排列多奇怪！

海灵格（对女士）：在你母亲之前，你父亲有另外一任妻子吗？

女士：我父亲有另外一任妻子吗？连我也不知道。

海灵格：看起来是这样。

"公司"：当"母亲"进到排列场里的时候，有一瞬间我想要退缩。没有对她反感，就只是很短暂的感觉，然后就恢复原状了，后来我也没有对她感到愤怒。

海灵格（对女士）：当我们在这里看到这个状况，你是否有办法管理公司呢？

女士：很难。

海灵格：的确。

海灵格（对哥哥的代表）：你觉得如何？

哥哥的代表：我觉得痛苦且疑惑。

海灵格（对女士）：那你呢？

女士：我还好。

海灵格：那"母亲"还好吗？

母亲的代表：还好。

海灵格：我们来试验一下。让我们把另一位女性代表带到场中。

海灵格选了一位女性，并让他站到"哥哥"对面约五米远的地方。

海灵格（对这名女性代表）：你代表"秘密"。

"哥哥"瞬间觉得舒服了许多。

海灵格暂时把"秘密"安排在"公司"旁边，接着把她安排在"父亲"的左边，然后再把她安排在"哥哥"的右边。"哥哥"和"秘密"相对着笑了起来。

海灵格（对女士）：在你们家族里有其他被排除在外的小孩吗？你知道相关的事情吗？

女士：我哥哥是第一个孩子，我是老二。我觉得在我们之间有谁被遗漏掉了。

海灵格将"秘密"放在"哥哥"与女士中间。"父亲"想把"公司"留在身边，海灵格将"公司"从"父亲"那边拉开，并让她站在"哥哥"与女士的对面。

海灵格（对群众）：你们会相信吗？对父亲来说，公司代表了一个秘密的孩子。

　　海灵格（对"公司"）：现在你做得很好。

　　"公司"慢慢走向"哥哥"与女士，并看了"父亲"一眼。

　　海灵格（对群众）：我想这个景象已经很清楚了。

　　海灵格（对代表们）：谢谢你们。

　　海灵格（对群众）：今天早上，当我谈到危机以及能够将危机克服的序位时，我只提到一点点有关排除在外的事情。而在这一整天的排列工作中，我们所触及的都是有关排除在外的议题。我们可以看到排除在外对公司管理和领导阶层有多少影响。少了被排除在外的人，便会对他们造成困难。

　　海灵格（对女士）：现在你没事了。你的事业前景光明，你去找到你的姐姐，并把她也归入公司里。

圆满

　　海灵格：现在，请闭上你们的眼睛，想象自己去到了你工作的地方，感受一下，是不是有什么被遗漏了。只需要凭着你的感觉，不用在脑子里搜索，或许你会感受到好像少了一个人，那你就等待，直到那个被遗漏的人来到你的身边。去感知一下，这个过程对你、你的工作和你的事业的影响。

　　过了一会儿。

　　海灵格：好了，我们今天的课程到此告一段落。

问题与解答

根据成就与资历而排列的阶层序位

男士：我有两个问题。第一个问题是地位与资历的内在差异。例如，晚进公司却拥有高层管理职务的"空降部队"。

海灵格：成就、责任与资历的阶层序位是有所不同的。比如说，原本在公司以外的人来到公司，任职内部的领导职位，就职务阶层来说，他属于第一位，而就资历的阶层来说，他属于最后一位。而很重要的是，这个人要承认在资历的阶层里他是最后一位。

很多时候，新进公司却任职高位的员工都想要"除旧布新"一番，而这对公司会产生不好的影响。首先，最有能力的员工会因此离开公司，这是必须承认的。特别是男性，有时候女性留下来的时间会比较长。

这只是纯粹观察而来的结果。那么什么样的做法才能尊重并顾及两种阶层序位呢？新进的员工的行为处事必须像最低阶的人员一样。这意味着如果有些事情需要改变，他们会和年资较长的员工讨论，征求他们的意见。他们就像新人一样与人互动，这样很快他们就会取得其他人的支持。如此一来，团体中的每个人都能够感受到移动与进步。那些表现出"我让你们看看这是怎么办到的"的人，通常跟母亲的关系都不是很好。他们对待公司的态度，就跟他们对待母亲的态度一样。他们觉得自己比较优越，也比别人好。这点很重要，最安全的地方就是地面。你没有办法从那里摔下去，却能从那里站起来。

事业上的生命伴侣

男士：如果一位连锁企业的老板有了新的伴侣，而伴侣也在这个企业上班时，那会如何呢？

海灵格：没问题，这并不会造成困难。但是如果情况相反，一位太太拥有一家公司，而先生进到她的公司里来，那就有所不同了。她的先生会毁了这家公司。我会对此稍做解释，因为这十分重要。家族企业的创办人有许多小孩，而他让最年长的女儿继承事业。当她结婚以后，她绝不能够让先生接手管理层的职位，否则他会毁了这项事业。每位女婿都会毁了事业，这是最糟糕的情况了。

我不知道原因为何，这仅仅是我观察到的。

现在你可以检视一下，如果一位拥有自己事业的女性让她先生加入公司，会发生什么事情？她的事业会怎么样呢？你会发现，这位先生得不到员工们的尊重。先生必须有自己的事情做，他必须独立于他的太太。

但是，如果是先生继承了事业并让太太加入，即便太太来接手管理，那她也能够给事业带来帮助。只有被纳入太太事业的先生会对公司产生不好的影响，反之，太太会给事业带来帮助。虽然这纯粹是经过观察而得到的结论，但一旦你知道了这一点，你就能够对此后果加以避免。这对作为企业顾问的你们来说特别重要。

个案十：前任伙伴

海灵格：现场有没有人想要通过排列工作仔细检视他的公司或事业的？

一位男士举手，并站到海灵格旁边。

海灵格：你的议题是什么？

男士：我正在经营一家新的公司，已经有半年的时间了。

海灵格：我们来排列看看，请站到这里来。我会选一名女性当"事业"的代表，并让她站在你对面。

他们两人距离四米远，面对面站着。男士小步地走近"事业"，但"事业"却感到恶心并转身离开。

海灵格（对群众）：这个景象很清楚了。"事业"并不想要他，而他也不想要"事业"。在这其中没有爱也没有热诚。这个"事业"已经迷失了，"事业"可以坐下了。

海灵格选了另一名女性作为男士母亲的代表，并让她站在男士的对面，像之前的"事业"一样。男士向前走了两步。

海灵格（对群众）：当我们看到这个场景，就你的印象来看谁比较大，而谁又比较小呢？谁表现得像大的，而谁又表现得像小的呢？

男士在"母亲"面前跪下。她小步地走向男士，深深地吸气，把手放在心上。男士在她面前深深地鞠躬，他的前额碰到了地上。"母亲"亲切地看着他，没有移动。

过了一会儿，海灵格选了一名代表来代表父亲，并让他站在"母亲"的左边。接着儿子站了起来，看着"母亲"。

海灵格选了另一位男性代表，并让他站在儿子身后稍左的地方。

"父亲"和这名男子互相看着对方。"母亲"向后退一步，并从"父亲"身边移开两步。

海灵格（对男士）：告诉他"我跟你没有关系"。

男士：我跟你没有关系。

海灵格：告诉母亲"我和那个人没有关系，我在这里只是一个小孩"。

男士：我和那个人一点关系都没有，我在这里只是一个小孩。

海灵格：现在站到你"父亲"旁边。

他站着面对"父亲"，两人交换友善的眼神。

海灵格（对男士）：告诉他"在这里，我只是你儿子"。

男士：在这里，我只是你儿子。

海灵格："你的任务已经完成了，谢谢你"。

男士：你的任务已经完成了，谢谢你。

海灵格请所有代表都坐下。接着，再请事业的代表站在男子对面。男子走向"事业"，"事业"张开双臂迎接他。他们给对方温暖的拥抱。

海灵格（对男士）：再没有比这个排列更能让你走上成功的轨道了，很好。

海灵格（对群众）：家庭里的状况对事业有这样直接的影响，这让人十分惊奇。

无时无刻

现在，到了为这个工作坊做总结的时候了。我们有一个吸引人的主题：工作与事业成功的法则。在结尾的阶段，我们对这个题目有什么回应呢？我们要在哪里结束呢？其实，我们无时无刻不在其中，它是生活的一部分。工作与生活的分野，就像有些人想要划分的那样，其实是不存在的。

生活就是无止境的工作，没有停歇。当我们有了工作并且享受工作时，我们就能乐在其中。当我们对工作充满感激时，它也会反过来善待我们。

现在，我要说些我原本不应该说的话。有时候工作会跑来拍拍我们的肩膀，并对我们说："现在你可以稍做休息啦。"那是生活的一部分。《圣经》里有一句美丽的话：上帝用六天创造世界，并在第七天休息。

在第七天里，这个世界会发生什么事呢？它会继续运转，因为上帝即便在休息的时候，也是慈悲地面对世界的。

对我们及我们的工作来说，这是一幅美丽的景象。帮助我们的，并不是催促和鞭策。相反，在我们稍做休息时得到平静与重整的过程中，在我们与伟大的力量和谐相处的过程中，有些事情便会自然而然地发生。这是多么美丽的一幅画面。带着这幅画面，苏菲与我也祝福你们有个闪闪发光的未来。

主题 六

进展的模式

我们在这里所体验到的一切，其实都和现实世界有着紧密的联系，在其背后，是迎着我们而来的"与道同行"的动力。

带着爱与道同行

有些人会想,海灵格所做的所有事情和他那些虚无缥缈的理论,与真实世界又有什么关系。但是,我们在这里所体验到的一切,其实都和现实世界有着紧密的联系。在其背后,便是迎着我们而来的"与道同行"的动力。

我已经写过几本有关这个想法的书了。它们与公司或机构组织无关,而是与我们的内在带领我们迈向成功的态度有关。这些书想阐述的,是我们要如何走向成功的道路:其中一本是《内在之旅》,另一本是《自然卓越》。这两本书都有有声版本,你可以边读边听。这种通往灵魂的流动,会比单纯的阅读还要深入。沉浸在阅读与聆听中,我们能够进入更深层的冥想之中。在那里,文字便开始进入心灵工作。

善意

我刚才谈到了有关道的移动的事情。如果你们在那些会对世界经济产生重大影响的大公司或银行任职，那接下来我所要说的对你们而言就很重要了。在私底下我们对于这些公司和银行有许多推测，譬如它们有一些可疑的动机，或者它们只顾及自身利益等，但重点是我们必须承认，这些公司与银行有一定的重要性。而随着道的移动，我们通常有两种认知模式。

其中一种，是认知什么是"是"。在排列时，有时候你会看到我做一些出乎你的意料的事情，譬如把代表的母亲的前任伴侣加入排列之中。其实我这么做是在为排列的当事人与他的工作服务。当我们在灵魂深处尊敬那些承担着很多责任的人的时候，这种尊敬就变得很有意义。我们能否在心底设想，他们其实也想拥有好的东西，也有颗可以被感动的心，也需要被好好地对待呢？如果可以，那我们就对某件事物的成功有所贡献了。

所以，我们有了被其他力量所指引的良善想法以后，当我们与这些力量相联结时，我们就有办法影响一家公司，而公司的领导者也会转而帮助我们与其他人，甚至有助于人们生命的前进。这是我们在企业或机构里工作的情形。机构与公司都是创造性的事物，它们不只是它们本身，还代表了其他事物。同样，金钱也不只是金钱，金钱是心灵的礼物。当我们能灵活地运用金钱，具有创造性的事物也会跟着聚集过来。有时候，我们必须通过一些内在的改变来开启这种认知，并且也必须带着内在的感激来看待金钱。金钱同时也是上帝的启示之一。当你这样看待金钱时，它就会以不同于以往的方式突然来到你的手中，并且以不同于以往的方式流向其他人，接着，再以不同于以往的方式回到你的身边。

留下来的金钱

我想要谈谈金钱。金钱是有灵魂的，它是一种精神物质。金钱是爱的结果，所以它是我们努力达到目标后的报酬。当人们因为努力而得到成功，随即获取金钱，金钱会爱他们。也因为这是他们努力得来的，所以金钱会留在他们身边。

金钱是用来达成一些事情的，它是等着被使用的。当它被用在良好的、支持生活的事物上时，它的回馈会越来越多。而通过这种方式，金钱形成了一个服务、达成与获得的完整循环。

你跟得上吗？现在如果有人中了彩票，可能获得了一百万或更大数额的奖金，那么这笔钱会想要跟着这个人吗？不，它是不会留下来的。只有那些因为努力工作得来的金钱能留得下来。

世界金融风暴是怎么来的呢？是因为有一种钱不想要留下来，因为它不是通过工作得来的。

有一个颇为奇怪的基督教观点：穷人会受到祝福。有些人认为，当他们穷困的时候他们取悦了上帝。但穷困的人要怎么做呢？只有在他们也变得富有的时候，上帝才会因此感到高兴。穷人会穷困，是因为他们蔑视了金钱的神圣。

　　这很奇怪吧。我在《自然卓越》这本书中表达了一些有关金钱的观点。在那其中有什么联结吗？一定有的。当金钱因服务于生命而被花费时，它就是在为上帝的服务之中被奉献给了上帝。

　　我们在组织或公司里工作时，观察公司赚钱的手法是件很重要的事情。钱是通过服务而得来的吗？公司把钱赚进来后，如何运用它呢？你会看到一个金钱的循环，最终它会是一个爱与创造力的循环。通过金钱，有些事物被启动了，金钱为它带来生命并使生命延续。当我们把这份爱放在心里，我们就能变得富有，同时也不会有人因为我们的富有变得穷困了。

个案十一:出去!

海灵格:有谁想要跟我一起工作的?

一位男士举手,并坐到海灵格旁边。

海灵格(对男士):你确定你知道自己想要什么吗?我不确定你自己是否知道。现在闭上你的眼睛,进入内在的移动。你感觉它是向多的一边移动呢,还是往少的一边移动?比较强的能量在哪里?你有感觉到吗?

男士:我感觉到更多。

海灵格(对男士):内在动力在往哪边移动?是往更多呢,还是更少呢?

男士:我感觉到有个东西打开了。我觉得它在往多的地方移动。

海灵格：它在往少的地方移动——这很明显。

海灵格（对群众）：我们只看他的脸就知道了。一定是往少的地方走的。

海灵格（对男士）：现在我们要找个方法，看怎样能够使动力往多的地方移动。在我们找到办法把动力扭转之前，为事业做排列工作是没有意义的。

海灵格（对群众）：一开始的程序模式对我来说是很重要的，因为这个移动对事业与成功都有即时的影响。因此，我需要衡量接下来我应该以及被允许怎么做。只要有人处在这个基本动力之中，这里就没有成功的空间。我们要面对的问题是如何帮助像他一样的人，我们现在就着手进行。

海灵格（对男士）：好吗？

男士：好。

海灵格（对群众）：我来简单地排列一下。我会把重点放在核心问题上。我需要一位代表来代表男士，然后再来看看排列中有什么被呈现出来。让我们带着爱帮他以及他的事业进行排列。

男士的代表看着远方，并往前走了两小步。

海灵格为"事业"选了一名女性代表，并让她站在男士代表的对面。"事业"随即往后退了好几步并看着地面。"男士"向"事业"走了几步，但也停了下来。

进展的模式 主题 六 199

海灵格（对男士）：这个"事业"想要死去。

海灵格选了三位代表作为死者，让他们背朝地板躺在"男士"与"事业"之间。

"事业"从"死者"身边往后退了几步，并看着"男士"，接着她开始原地打转。她一边转一边向男士的代表那边移动，然后站在"男士"和"死者"中间，看起来好像要把"男士"从"死者"身边隔开。"男士"想要越过她走向"死者"，但是"事业"张开手臂想要阻止他。

海灵格（对男士）：你有许多事业？

男士：我受雇于一家公司，然后我自己也有经营的生意，一个人的生意。

其中一位"死者"站起身，站在"事业"的前面。男士的代表越过他们看着其他"死者"，"事业"与站起身的"死者"牵起彼此的手，也看着其他"死者"。

海灵格把男士的代表从"死者"身边移开，并找了一位女性代表男士的"公司"，她站在他对面。"男士"走近"公司"的代表，两人把手牵起来。

海灵格（对男士）：这家一个人的公司很有前景，但作为一名职员你会被受雇的公司卷入一些不好的事情，毫无疑问，你必须离开那里。你现在从小规模开始创业，之后可以把它做大。

海灵格（对代表们）：谢谢你们。

海灵格（对男士）：现在很清楚了，这股向下的拉力与你无关，而与你的工作有关。你必须离开，否则会被卷入一些事情中。你可以全身而退且无须多说什么。好吗？

海灵格（对群众）：我会解释为什么我想要做这样的排列。当一个人面临向"少"的一方或者向死亡移动的拉力时，这种力量其实是指向一个家族里已经过世的亲人。然后，当事人就会被这股力量淹没。现在很重要的问题是，要怎么让已过世的人安息而不影响我们现在的生活？当一个人内在有股向少的一方移动的动力时，这股力量其实是在指向特定的死者。他们会慢慢拖累当事人，或对他造成阻碍。

所以，要解决的问题是我们如何能够把他们留在他们自己的位置，让自己走向未来。在刚才的排列里，我们很清楚地为自己设了限。

海灵格（对男士）：我来示范给你看。

海灵格指了指中间的地毯，并要男士把它卷起来。他让男士站在距离地毯两米远的地方。

海灵格：这就是界线。整理你自己，感觉一下你可以走多远，以及你是否可以越过这个界线。

男士小步慢慢走向地毯，眼睛一直盯着它看，接着他跨了一步，越过地毯。

海灵格：回去再来一次。这次不要看地毯，再走过去一次。你只需要看着远方,去感觉一下那个差异。

男士这次只远远看着远方,然后跨过地毯,一点也没有往下看。

海灵格(对群众):所以,这张地毯通常就是那位死去的人,或者那群死去的人们。这是一个看向远方的练习,练习过后我们的视线离开了死去的人。通常我们依旧必须对他们说声谢谢,也只有在答谢之后,我们才能越过他们。而这个动力,便是向多的一方的动力了。

团队里的阶层序位

法则！法则！现在我们要说的是先后次序的法则与我们在团体中如何定位的法则。

在一个小组会议中，依照位阶顺序就座，特别是依照进入团体的先后次序就座，是相当重要的。会议中坐在领导者右边的是行政部门的同事。行政部门的地位仅次于团体领导者，因为它必须承担团体发展的风险。坐在领导者左手边的则是助理或代理领导者。而其余的人依照加入团体的年限呈顺时针方向就座，轮流发言。

让我来举一个如何成功地进行团体会议的例子。首先，成员要先依照进入团体的时间长短来就座。接下来则要轮流发言。这意味着，每一个人在由左而右的座位顺序中，可以不受别人言论打扰地发表意见。如果每个人都能畅所欲言而无人干扰，那么协商就会很容易进行下去。

举例来说，在一个教师会议中，主持人向成员们提了第一个问题：我必须做什么改变来让自己成为这个学校的一部分，并且能够将自己的能力发挥到极致？每个人都轮流发言，而无人从中评论。为了保持团体的和谐，每个人都要把其他人重要的话听进去。

在第二阶段，所有与会者都要想想，在学校里进行什么方面的改善可以让每个人觉得舒服，当然这些人也包含他们自己。这是我们接下来需要思考的事情，这个阶段结束后我们可以看出许多变化。

接着是第三阶段。在这一阶段里，每个人都轮流提出他认为最能帮助这个群体的建议。这会让每个人与其他人一起全心付出。通过这个简单的方法，群体会变成一个关系紧密的团队。这个方法在生意上、在任何的企业中以及在所有与人的关系中都可以被使用并有所帮助。

谁属于这个团队？

对于团体会议有一个重点，就是只有那些分担这个团体责任的成员才能参加。其余的人则没有必要加入，譬如咨询员或顾问。顾问永远是服务于领导者的，而不是为团体服务。

让我来举个例子。在墨西哥，有两位大型电信公司的顾问加入了课程，这家公司旗下有七家独立的公司。顾问同时要对其中一家公司的领导人与千余名员工提供咨询。这家公司有三十一位部门经理，每一位都有特定的职责范围。

　　当时，这些经理在与彼此的沟通上有些问题。我为他们选出三十一位代表，并让他们依照加入公司的早晚顺序排成一排。而顾问的代表——他自己也是一名企业家——可以感觉到这些经理各自属于什么位置，并顺势将其排列出来。最后，他们都站到了自己的位置上。其中只有一名代表想要推开其他人站上最高的位置。我马上看出，这个人是其中最低阶的人。那些低阶的人会特别想要将自己向前推。

　　这两位公司的顾问随即就明白，这个方法能够对公司有所帮助。当时公司的问题是经理们彼此无法有效沟通，而经过正确的阶层排序后，情况便能得到改善。

另一个成功处方

　　一位有名的哲学家曾有个理论。他说，一头驴子站在两团气味和形状相当的干草堆中间，一定会因为犹豫不决要吃哪一堆而饿死。
　　一位农夫听到这个理论后说：只有笨蛋哲学家才会说出这样的理论，因为一头活生生的驴子不会从中择一，而是两堆都吃下去。

主题 七

另一则成功的故事

家族系统排列的缘起

家族系统排列

在许久之前，我偶然地接触到家族系统排列。在我认识它之前，它很早就已经存在了。起先是西娅女士在林道（Lindauer）心理治疗研讨会上将它介绍给我的，她选我作为一个患有精神分裂症的小孩的父亲的代表。因为对此完全一无所知，所以我让她帮我排入位置。那时候我信心满满，精神状态也很好，突然间她移动了小孩的代表，我随即便陷入了黑洞之中——我不再是我自己了。等到排列结束以后，我感觉自己走入了另一片风景，宽阔且平静。

后来我又在林道心理治疗研讨会上遇见她，再一次，我被她的家族排列工作深深感动。但因为当时她没有提及这个工作的背景，所以我对家族排列还是毫无头绪。

几年后，我参加了一个为期四周的家族治疗研讨会。会议在美国落基山脉上的斯诺马斯村（Snowmass）举行，由鲁斯·麦克蓝登（Ruth McClendon）与莱斯·卡地司（Les Kadis）主持。期间他们也示范了几次家族排列，他们又一次让我到达顶点，随后又跌入深处。这次体验让我无法理解，甚至连他们也无法理解。

一年后他们来到德国，并为许多家庭上了两节课。五天的课程中，他们为五个家庭的父母与小孩做了排列工作。同样，我几乎无法掌握细节，我上了课却无法理解。但从这时我就知道，这是我未来要做的事。然后又过了几年，我准备好了，有了勇气去接受挑战。

当然同时还有许多事情在我的生活中发生，让我更容易地达成我的目标。而我也开始了解家族系统排列所指引的方向。

我开设人生脚本分析的课程有几年之久。艾瑞克·伯恩（Eric Berne）是这个理论的先锋，他曾在《你在说你好之后还说了什么？》一书中提及这个理论，同时他也是沟通分析的创始者。他举出众多例子说明，我们其实是依据一个秘密的脚本在生活着，就像我们在人生的舞台上照着剧本逐字逐句扮演角色一般。

这段时间我突然有了突破性的洞察，那就是我们在生活中所拿到的"剧本"，其实在过去就已经被原来的家族成员演出过了。因此，我们或许只是采用同一个特定的剧本在重复演出。

从这点看来，我突然理解了纠纷的特性。我们因为其他的命运而陷入困境，我也掌握了带领我们的趋力。我们因为家族中被排除或被遗忘的成员的命运，而陷入困境之中。所有这些想法都让我理解了在家族系统排列中所发生的事情。在家族系统排列中，我们通过代表们的动作看到家族中被排除在外的成员，而我们又能将他们带回我们的家族以及我们的心中，让其余的成员松一口气。

同时，我也着手开设了一门关于系统中的罪恶感与清白的课程，这让我开始明白有关起源的法则。这意味着，先到者永远比后进者有优先权。

我在这里就不再多说了。在这本书里，你可以体验到家族系统排列所展开的深远方面，如何使成功的故事继续。当你把自己也放置进去时，你便能更自在地面对生活，而你也会拥有新的行动力并保持乐观，因为同时你也已经向你特有的路途移动了。

成功的秘密

这本期待已久的新书为我们心中都存有的寻常问题提供了一个不寻常的观点：如何在工作中获得成功并使之保持。大家对于包含相关技巧与方法的工具书或许并不陌生，但或许也对因为它们无法发挥作用而伴随而来的失望感到相当熟悉。

伯特·海灵格的中心理论认为，问题并非在于策略本身，而是起因于我们的生活与工作之间失去了联结。在他的理论中，两者是密不可分的。这本书深入浅出地解释了其中一个领域的失败如何转变为另一个领域的失败。或许是因为我们向母亲靠近的动力中有些阻碍，所以导致我们在工作领域中出现周期性的自我破坏：

- 过去的主仆模式依旧影响现今机构内部的动力；
- 企业家无法跟上企业的脚步，因为他潜在的意图是跟随死者；
- 产品或观点无法为诉求对象带来益处；
- 世代间的偏见被过于夸大而导致工作团队分裂。

总的来说，现有的与工作有关的问题，通常都是由于对过去悬而未决的事物有着看不见的抗拒，而非和现今的细节有关。书中所讨论的是关乎所有生活方面的成功的秘密。一旦各就各位，成功就不再是一种追求，而是在你准备好的时候顺势到来的事情。

商业咨询的主题

本书是这个系列的第一集：成功的秘密。本书主要处理因未被正视或者由于不经意地忽略而导致的攸关成败的问题。本书摆脱了仅关注主体来提供意见的方式，而是在讨论中涵盖了生命整体。本书认为，工作与事业蕴含在一个更大的生命进程之中，它们为其服务并遵循它的步伐。